海明威 卡夫卡

中外名人的青少年时代丛书

主编／林乾

编著／姜维东　冯吉

山西出版传媒集团
山西人民出版社

图书在版编目（CIP）数据

海明威　卡夫卡/姜维东，冯吉编著.—太原：山西人民出版社，2012.6

（中外名人的青少年时代丛书/林乾主编）

ISBN 978-7-203-07672-8

Ⅰ.①海…Ⅱ.①姜…②冯…Ⅲ.①海明威,E.(1899~1961)—生平事迹—青年读物②海明威,E.(1899~1961)—生平事迹—少年读物③卡夫卡,F.(1883~1924)—生平事迹—青年读物④卡夫卡,F.(1883~1924)—生平事迹—少年读物Ⅳ.①K837.125.6-49②K835.215.6-49

中国版本图书馆CIP数据核字（2012）第067337号

海明威　卡夫卡

编　　著：	姜维东　冯　吉
责任编辑：	翟丽娟
装帧设计：	陈　婷
出 版 者：	山西出版传媒集团·山西人民出版社
地　　址：	太原市建设南路21号
邮　　编：	030012
发行营销：	0351-4922220　4955996　4956039
	0351-4922127　（传真）　4956038（邮购）
E-mail：	sxskcb@163.com　发行部
	sxskcb@126.com　总编室
网　　址：	www.sxskcb.com
经 销 者：	山西出版传媒集团·山西人民出版社
承 印 者：	运城日报社印刷厂
开　　本：	890mm×1240mm　1/32
印　　张：	9.25
字　　数：	150千字
印　　数：	1-5000册
版　　次：	2012年6月　第1版
印　　次：	2012年6月　第1次印刷
书　　号：	ISBN 978-7-203-07672-8
定　　价：	18.00元

如有印装质量问题请与本社联系调换

中外名人的青少年时代丛书

编委会

学术指导 廖盖隆 姜思毅 赵宝煦 王瑞璞

主　　编 林　乾

副 主 编 周知民 王国君 王　林 田　泉

编　　委 王丽娟 王增宁 句　华 张守龙
　　　　　　陈瑞玲 林秋朔 郑　毅 缪晓敏

编　　著

于奉春	马　建	王巧兰	王立君	王　林
王　伟	王连敏	王　虹	王国君	王丽娟
王建勋	包亚茹	尹成君	孔朝蓬	厉永平
丛瑞华	冯　吉	冯志才	朱显武	刘万民
刘万毅	刘　凡	刘建华	刘金洲	刘　研
乔　伟	孙维义	江继海	杨立军	邱立君
李　平	李　利	李宏升	杜海燕	芮之帅
吴亚文	陈秋颖	范　敏	张白羽	张洪启
张春和	知民	张守龙	张明帅	罗洪启
徐景芬	娄晶力	郑　毅	祝东平	姜维东
唐　赞	周桑秋杰	袁学哲	赵琳琳	高亚军
常　青	阎雯靖	翁有利	郭向宁	郭蕴兰
程建华	睢　雪	康　赞	寇　鹏	程赫坚
薛柏成		董　蔡	瞿迎春	潘宝泉

编者的话

　　时光在流逝，生命在燃烧。当我同理想和希冀相伴的青少年时代依依惜别，即将步入厚重的中年时，一种"人生几何"的感喟时常萦绕于怀。遥忆往昔贫寒的童真岁月，仍愿咀嚼那涩涩的酸楚中播撒出的永生不灭的希望之火。

　　幼年的时候，家乡总共不过百种物品的"百货店"里，竟有一个柜台是专门售书的。在这里，我发现了牛顿，知道了高尔基，认识了列宁，记住了鲁迅。记得那是小学三年级的事。一天放学回来，一位女同学悄悄地对我说："供销社来了一本好书，去看看！"我们一同跑到柜台前，一看是《闪闪的红星》，价格是3角5分钱，这在当时是7个鸡蛋的价钱。我一连三天，每天放学都要去看一看那本书，很怕被别人买走。第四天，我终于鼓足勇气，对母亲说明了缘由。我怯生生地站在母亲面前，好长时间母亲没有说话，母亲那慈爱的目光一直留在我的脑海里。我拿着3角5分钱，终于如愿买回了那本书。"那一年，我7岁，听大人们说,闹革命了……"一晃,20多年过去了,当我面对苍老的母亲时,仍会清晰地记得买书的情景和书中的故事。

今天,当我踏上生于斯、长于斯又阔别多年的故土时,先要找回的还是少年的梦。还是那个位置,还是那个供销社,房屋早已翻盖一新,店主当然不再是戴着近视眼镜、眼睛一眨一眨的老师傅。除"大件"外,几乎和城里的物品一样丰富,应有尽有。可柜台里再也找不到一本书。当我看到读初一的侄子和读小学五年级的侄女的书架上,课外书几乎都是机器猫、卡通之类时,喉咙里似乎有什么东西难以下咽,心里沉甸甸的。时代不同了,教育的内容、目标和对象都在发生变化,社会改革和财富增长无疑是一个时代的进步,我没有恋旧癖,更无意美饰贫乏的年代。但当怀念起童年少年时代那种难以忘怀的景象时,内心深处总觉得我们这个社会在走向富裕的路途中还应弥补一些遗憾——强健精神的遗憾。

人无法超越生命的自然极限,但可以超越生命本身。人类正是通过他们的创造将自己的文明史推向前进。当我驻足在色彩斑斓的历史画卷前,分明感受到伟大人物的人格力量和生命的另一种延续。……毫无差错却被外公毒打；不是为了几枚铜板而是为了证明自己的勇气在棺木上睡觉；为了生生不灭的理想在阴暗的面包房里读书：这一幕幕情景仿佛伏尔加河畔不屈的少年高尔基就站在我的面前，与苦难的命运抗争。出身贵族家庭却自幼身残的拜伦，在高贵与卑贱的矛盾中让内心的苦楚升发出一种倔强、刚毅和力量。苦难的确是人生的最好教科书。当他们用心灵慢慢消受种种不幸时，也在创造一种辉煌和永恒。"青年如初春，如朝日，如百卉之萌动，如利刃之新发于硎，人生最可宝贵之时期也。"每一次记起陈独秀《敬告青年》中的这几句话，都有一种催人奋发的鞭策力量。对于不再拥有生命自然时段上的青少年时期的我，真想让心灵再走一番青少年的路：热爱生命吧！因为生命是一次性"消费"；珍惜青春吧，让青春的亮点变成一片光明，普照以后的所有生命里程。

　　影响人类文明史的中外名人在他们有限的生命里，创造了辉煌和永恒。他们的许许多多成功在青少年时代就奠定了基础，他们在青少年时代就怀有救国救民、立志创业的信念，这种信念强烈地影响了他们的一生。名人成功以后的事迹为人们所熟知，但他们成功之前的历史却鲜为人知，这方面的材料也很缺乏。本书对名人的家世、家教、兴趣爱好以及对其一生有影响的人和事等着墨颇多，尤其探究了中外名人之所以成功的主客观因素，我们由衷地希望这番努力对成长中、探索中的青少年会有所裨益。

林　乾

目　录

海明威

童年家世 …………………………………… 003
中学时代 …………………………………… 022
毕业风波 …………………………………… 035
文坛新兵 …………………………………… 065
作家生活 …………………………………… 088
成名前后 …………………………………… 114

卡夫卡

身世与童年 ………………………………… 139
中学时代 …………………………………… 157
大学时代 …………………………………… 176
步入社会 …………………………………… 199
关键性的转折 ……………………………… 223
三次解除婚约 ……………………………… 238
最后的伴侣 ………………………………… 273

海明威

每一个人都需要有人和他开诚布公地谈心。一个人尽管可以十分英勇，但他也可能十分孤独。

——海明威

童年家世

1899年7月21日，在美国伊利诺伊州芝加哥郊区小镇橡树园，一代文学大师欧内斯特·米勒·海明威呱呱落地了。

海明威的祖父和外祖父都是参加过美国南北战争的退役军人，父亲埃德是当地深孚众望的妇科医生，母亲格雷丝则是谙于声乐的钢琴家。海明威是埃德夫妇的长子，他有四个姐妹一个兄弟。大姐玛塞琳、大妹厄休拉、次妹玛德琳、小妹卡洛尔，他唯一的兄弟、家中的幼子莱斯特比他小16岁。姐妹们用的都是圣徒的名字，由此可知这是一个笃信宗教的家庭。家里人都亲昵地把海明威叫做厄尼。

海明威出生时与一般婴儿无异，童年时也和一般淘气任性的少年无二；但海明威一生中对战争十分关注，他参加了5次战争，在其著作中就有26部书的主题是战争，这种崇军尚武的精神可以说源于他祖父一辈的熏陶。海明威的祖父安森和外祖父霍尔都参加了美国南北战争，对此，海明威和他的家庭一直引以为自豪。

安森1844年生于美国康涅狄格，10岁时随同父亲来到芝加哥开办一家钟表批发店。1861年美国内战爆发，安森于次年应征入伍，在伊利诺伊州步兵团服役，参加过布尔溪战役，因作战英勇被擢升为少尉，他还为密西西比州招募了一支黑人部队。战争结束后，安森在伊利诺伊州的惠顿学院任职。

安森是一位军人、一位爱国志士，总爱回顾那弹雨横飞的岁月、同生共死的战友以及那些辉煌的战绩。同时，他还是一位虔诚的宗教徒，是公理会教堂的执事，连续担任芝加哥基督教青年会秘书达10年之久，并积极参与禁酒运动。后来，安森在芝加哥西郊16公里处的橡树园购置了一处颇具规模的不动产，在北大街盖了一幢房子定居下来。海明威就诞生在那里。

安森膝下有四男三女，他们都曾在俄亥俄州的奥柏林学院深造过。安森的孙儿孙女们都是从小在爷爷讲述的关于南北战争的英勇故事熏陶下长大的，孩子们每年都参加战争纪念日游行，钦羡地看着一身戎装的祖父在游行队伍中行进。

海明威的外祖父霍尔1840年生于英国，17岁移居美国。战争爆发后,他毫不犹豫地离开了自己的畜牧场,自备坐骑和鞍具,参加衣阿华州骑兵第一志愿团,为维护祖国统一、黑人解放而战斗。1862年4月,在密苏里州的沃斯伦堡,霍尔左腿负伤,子弹一直留在腿内,使他不能如往日一样在战场上纵马驰骋,因此仅服役一年便退役了。他骄傲地拒绝了政府发给他的退役金,说:"我自愿为我自己选择的祖国服役,是不需要报酬的。"

霍尔身材高大、黑头发、灰眼睛,退役后神气十足地蓄起一圈络腮胡子,常戴一顶白色的约克郡帽,一副英国绅士的派头。与海明威的祖父相反,霍尔从不愿谈及南北战争,这也许与他受伤的微妙情况有关。据美国华盛顿国家档案馆档案记载,霍尔受伤是"在他服役期间,来自反对美国当局的敌对武装力量的枪击,但不是在执行公务时"。如此负伤当然不是什么荣耀的事,霍尔对此讳莫如深。海明威在一封信中夸大地描述了外祖父的军旅生涯,他写道:"霍尔说话带有浓重的英国口音,他曾在去美国南部出差时,被当做联邦军的间谍而遭痛打,他战斗了4年,并严重负伤。但他最痛恨滥杀无辜,因而以后从不愿谈及战争。"海明威出于对外祖父的景仰而将他神化的心情我们是能够理解的。

安森搜集保存着许多与南北战争有关的剪报，还时常去南方度假，以便与南方联盟军退伍老兵重温昔日的战斗情景，向儿孙和他所交往的年轻人灌输他的战争思想。安森对南北战争的颂扬受到威廉·巴顿博士的赞许。巴顿是公理会教堂的牧师，他与安森一向交好，他是研究南北战争的专家，写过好几本关于这场战争的书。

在祖父和巴顿博士的熏陶、启蒙下，海明威在童年时代就认真研读了一些有关军事的书籍，其中包括《旧约全书》中记载的许多战争故事。1914年的圣诞节，祖父送给海明威的圣诞礼物是一本《葛底斯堡的号角》，葛底斯堡是林肯总统发表"民有·民治·民享"政治纲领的地方。从以下事例可以看出祖父对海明威传奇性一生的影响。

海明威从儿童时代就对战争特别关注，多方搜集了19世纪末20世纪初几场战争的资料和图片。这几场战争是1898年的西班牙美国之战、1899年至1902年的南部非洲之战和1904年至1905年的日俄战争。

海明威声称，祖父带他去看电影《一个国家的诞生》前后共达30次之多。这是1915年拍摄的有关南北战争的影片。

1918年，海明威赴欧参战前，向朋友和家人吹嘘他与

《一个国家的诞生》中女演员订婚的事。为此,他家里闹翻了天。同年,当地报纸《橡树叶》登载他在意大利作战中负伤授勋的事迹,同时还刊登了他祖父安森的戎装照片。

海明威经常用崇敬的语气和他的儿子们谈及南北战争。他的长子邦比在二次大战后统领黑人宪兵连,海明威说,这使他想起了祖父所领导的黑人部队。

海明威直到晚年还怀念着祖父,津津乐道地说起随同祖父受到罗斯福总统接见的情景:罗斯福总统爽朗地笑着,紧紧握住他们的手。他甚至拿自己和罗斯福作了一番比较:两人都具有非凡的精力、吸引人的魅力和近乎夸张的自信;两人都英武好斗,是经验丰富的拳击家;两人都热爱大自然,曾去美国西部和东非猎奇;两人还都有投笔从戎的经历,由一介文人而成为颇负盛名的英雄。

海明威在一生中追寻着祖父、外祖父和罗斯福总统的足迹,到过意大利、土耳其、西班牙、法国和中国,在这些国家里,参加过5次战争。

祖父对南北战争的颂扬对海明威的创作主题影响巨大,除有26本书的主题就是战争外,其他著作也多以战争为背景。海明威在《非洲的青山》一书中说:"对一个作家而言，美国南北战争是最具教益的一场战争。"

海明威的代表作是《丧钟为谁而鸣》，这本书在我国译为《战地钟声》或《钟为谁鸣》。书中主人公罗伯特·乔丹将祖父在南北战争中的冒险故事和自己在西班牙内战中的经历作了对比，这正是海明威思想和生涯的真实写照，他一直认为自己的豪情壮志秉承了祖父的风范。

海明威的双亲对他的影响也不小。海明威的性情和对体育运动的爱好一如其父，同时也继承了母亲的气质和艺术才华。

海明威的父亲埃德是位妇产科专家。他出生于1871年，曾在奥柏林学院读过3年书，是该校足球队主力队员之一，后就读于爱丁堡大学，1896年在该校拉什医学院毕业。拉什医学院是用美国著名医学家拉什的名字来命名的。

埃德医生事务繁忙，他是橡树园医院妇产科主任，同时还担任三家保险公司和一家牛奶公司的医务检查员以及两个组织机构的负责人。他发明了椎板切除术钳子，一生中为3000个婴儿接过生，其中包括他的6个子女。

海明威小时候有点怕父亲，他的姐妹、朋友也对埃德望而生畏。这是因为埃德是一位彪形大汉，身高1.80米，宽肩、鹰钩鼻，留着浓重的大胡子。他做事敏捷迅速，目光尖锐逼人，加上不修边幅，给人一种很凶悍的感觉。海明威的小弟在回忆父亲时也说他是一个凶狠的父亲，干每一件事总是忙碌、紧张，干过以后又烦恼不已。

其实埃德大夫为人善良，他不修边幅和忙于繁琐小事与海明威的母亲格雷丝有关。格雷丝比埃德小一岁，是位蓝眼金发的美人，性格开朗大方。她是镇上第一个骑高轮自行车的女孩子，因为儿时曾两次随父母旅英，所以两家虽是对门而居，但第一次见到埃德却是在她上中学二年级的时候。格雷丝是天才的女低音歌手，她23岁时在纽约师从于一位著名声乐家，学习了两年，并和大都会歌剧院签约，在麦迪逊公园广场作首场演出。由于格雷丝7岁时得过猩红热，有几个月眼睛几乎失明，从此她对光一直很敏感，常在黑屋子里呆一段时间，让眼睛得以休息。格雷丝担心舞台灯光会损害她的视力，再加上埃德向她求婚，所以就放弃了颇有前程的舞台生涯。

埃德追求格雷丝时，格雷丝并不情愿。原因大致有三点：一是格雷丝对她英国祖先的荣华显赫一直引以为荣，而海明威家族则是早期移居美洲的；二是当时格雷丝教授50个声乐学生，每月收入1000元，而埃德刚开始当实习医生，一月仅挣50元；三是格雷丝追求享乐，不愿从事繁琐的家务。埃德允诺，婚后的家务自己一肩担，不要她操一点心。1896年他们在公理会教堂结婚。婚后，埃德信守诺言，尽管医务繁忙，仍然照管各项家务，包括采购日用杂货，照看洗衣房，安排女佣，每日为孩子们准备早餐，还侍候她在床上吃早餐。而格雷丝讨厌洗尿布、做饭、洗碗碟、打扫房间，等等。她的日常生活就是教音乐、组织音乐会，把全部精力都贯注在她的演出活动和艺术生涯，而孩子们一向由女佣、厨师们照管，从而使她更有时间从事艺术追求。

总而言之，格雷丝是一个精力充沛、颇具魅力的女人。她与埃德的姻缘是美满的，虽然两人都性格刚强，易于冲动，在一起生活不易协调和谐，但他们很少吵架斗嘴。埃德倚重格雷丝非凡的活力，格雷丝则依赖埃德的稳重可靠；埃德欣赏格雷丝，乐意为她做出某种牺牲，而格雷斯则深深爱着埃德。

埃德爱好各种体育活动，由于职业原因，他常常离家外出，一旦有了空闲，他就去钓鱼和打猎。埃德一向很重实际，事事自己动手，用父亲安森从部队带回来的模具制造子弹，做水果罐头，制蜡烛，还包馅饼吃；他特别不喜欢孩子们沉溺在梦想中。

少年时的海明威喜欢读书,每当父亲见他沉迷于一本书时,总要他多练练拳击,打打猎。海明威继承了父亲在体育方面的才能,一生都喜欢拳击、钓鱼、打猎和冒险。他的耐心和个人主义也可以说源于其父。埃德大夫有耐心,做事坚韧不拔。有一次,他在自家农场一平方英里左右的土豆地里数害虫,统计它们的数量,对正常人来说,这是一个何其枯燥乏味的工作,但埃德大夫完成了。至于他无所顾忌、为所欲为的事例更是数不胜数。埃德大夫喜欢打猎,他出枪快,枪法准,一声清脆的枪响,一定有草丛里蹿飞的野鸡或芦苇间出没的野鸭应声而坠。为了打猎,他无视风雨,甚至法律。他的女邻居不时指责他滥杀,或在法令禁猎季节捕杀禽兽,大夫却不屑地反驳道:"您这位女士啊,不要管什么法令,该打鸟时,还是要打。"

格雷丝是在宗教的熏陶下长大成人的,她在教堂里唱圣歌,是公理会和许多民间团体的活跃分子。她有修养,性格坚强,非常重视培养儿女的文化素养。

埃德夫妇都试图把自己的兴趣灌输给子女,从下面一组有趣的事例对比,可以看出埃德夫妇对海明威的培养：

　　海明威3岁时，父亲就给他买了一根钓鱼竿，并带他去钓鱼；没过几年，母亲给他买了一把大提琴，并教他学了一年的声乐和对位法。父亲要儿子每个星期天跟他去森林里打猎；母亲却连声催他和自己一起去教堂唱诗班。10岁时，父亲送给他一支一人高的猎枪；母亲则为他举行讲究礼仪和合乎传统的生日宴会。母亲日夜盼望儿子举行第一次室内音乐会；而父亲却把孩子的一些表现视为先兆，如获至宝。比如：一次，他发现9岁的海明威深夜时仍在烛光下阅读达尔文著作，便深信这孩子必然走医学鼻祖希波克拉底的道路，继承他的家学。

　　海明威性格上的两面来自他的父母，正如歌德所说：

　　　　从父亲那儿承袭的品德
　　　　使我诚挚一生而不失败；
　　　　从母亲那儿学会无牵无挂
　　　　这些组成一篇美丽的童话

　　橡树园是海明威的出生地。海明威做了他故乡的叛逃者，但橡树园的传统、宗教以及道德规范给他留下很深的烙印。终其一生，他还是保留了许多家乡的传统——辛勤忘我地工作、自我奋斗的精神、真心实意的作风和力戒邪恶等宗教信条。

橡树园是芝加哥一个富庶的郊区，曾有"世界中产阶级之都"的美誉，它的别名叫"圣休村"。村里既没有豪华的厅堂，也没有可怜的贫民。许多家庭富裕美满。

橡树园是一个很有特色的小镇。教堂多，去做礼拜的人也很多。居民们都非常善良，说话时带着那种又尖又硬的基督徒语调，星期日做礼拜时戴着丝帽，十足的绅士派头。整个橡树园都是这些清教徒，他们自视清高，自称是橡树园人，而不承认自己是芝加哥人，虽然他们中有许多人都在芝加哥工作。他们的日常活动中心也都是学校、教堂和当地民政机构。这些基督教徒生活优越，乡土气息浓郁，具有一定的排外性。他们厌恶芝加哥，躲开了大城市的各种政治上的腐败事物，庆幸一条大街将芝加哥城和橡树园小镇隔离开来，街的一边是繁华都市的楼台馆阁，另一边则是林立的教堂尖顶。

橡树园的生活习俗相当严谨，居民在自己家里也衣冠楚楚、彬彬有礼，言谈不得赌咒，否则就是罪过，完全是典型的清教徒社会。清教是基督教新教中的一派，16 世纪起源于英国，原是英国国教圣公会内以加尔文的宗教思想为旗帜的改革派，后来又从这一派中发展出一些脱离国教的新宗派，如长老会、公理会、公谊会等。他们主张清除繁琐的宗教仪式，反对奢侈生活，严格遵守圣经规定的道德标准。这些清规戒律主要指不吸烟、不喝酒、不看戏、不跳舞之类。橡树园也是如此，弥漫着温和、保守的气息。

海明威家是一个宗教家庭，从海明威姐妹的命名上就可以看出这一点。他们吃饭前必作祈祷。孩子们的早课是祈祷、读圣经、唱赞美诗，每个星期日都去教堂，在家守安息日，禁止一切娱乐活动。当孩子们犯错，被父亲打屁股时，孩子们都得跪倒在地，恳求主的宽恕。

从海明威一些儿时的照片来看，他经常跟着唱诗班唱诗，穿着高领衣服，梳着油光水滑的头发。但年幼的海明威常被这些赞美诗中的同音异义词搞得糊里糊涂。

海明威的姐妹们终生笃信宗教，但海明威走上社会后，却想根除橡树园的清规戒律对他的影响。橡树园，这个世界中产阶级之都，以它出过四大名人而自豪。但这四个人却都是橡树园的叛逆者，都受不了那里严谨寡味的清教徒生活。一个是弗兰克·洛伊德·赖特，美国著名的建筑设计师，著作有《自传》、《消失的城市》等；一个是罗伯特·圣约翰，美国著名作家；一个是查尔斯·吉托，总统候选人，落选后枪杀了加菲尔德总统；还有一个就是海明威。

1918年，海明威已有背叛橡树园传统的苗头，格雷丝对此忧心忡忡，海明威为使母亲相信他仍信奉宗教，写信向她保证说："不要担心我不是一个好教徒，更不必为此烦恼、哭泣，我仍是一如既往，每夜必作祈祷，高兴吧！仅仅为了不使您烦忧，我也会是一个愉愉快快的教徒。"

橡树园对他影响如此之大，以致他借自己小说中的主人公尼克·亚当斯之口，深感遗憾地说："这些虚假观念既然已深植于你的脑海中，它也就将伴你终生。"

格雷丝积累并保存了海明威童年生活的剪贴簿。在海明威出生的那天，她的记载是：小鸟儿唱着它们最悦耳的歌，欢迎这个幼小的生命来到这个美丽的世界。海明威喜欢与妈妈一起睡，终夜含着奶头。

海明威出生7周后，就被带到密执安州北部的夏季别墅去度假。海明威家在密执安的沃伦湖畔，有一块40英亩的农场，这栋夏季别墅建在湖边，是格雷丝亲自设计的，于1900年建成。海明威的姐姐玛塞琳对这所建筑作过如下描述：

　　它有一间起居室，用砖砌成的大壁炉，四周均有窗。还有两间卧室、一间小餐室和厨房。一条直达湖边的游廊，上有顶篷，两边有栏杆，湖边台阶上还有带钩状锁链的两扇门。屋外有护墙隔板，屋内是松木墙板。屋前院内右边掘了一口井，当然没有下水道和抽水马桶设备，来往交通只有走水路。

埃德医生因在城里患了花粉热，每年夏季都抛开医务，跑到乡间消夏。海明威这是头一次去，以后他年年去，直到20岁离开家，沃伦湖滨给他留下终生难忘的印象。

到达别墅后，父亲为海明威做了一个小手术。海明威出生时左眼视力就不好，这也许受他母亲遗传。经过这次手术，他的左眼受损，10岁左右发展成近视，但在学生时代他一直没戴眼镜，总是眯着眼看远处的景物。残疾的左眼为他带来许多不便和烦恼。海明威白天从来不睡，因为白天的光线太强。18岁时他去应征入伍，也因视力不好而

被拒之门外。

玛塞琳比海明威年长一岁，举止容貌极像母亲。格雷丝对他俩极为疼爱，在海明威4岁之前，他的衣着打扮和姐姐一模一样，穿着蓬松绒毛、镶着花边的衣服，留着长发，戴一顶花哨的帽子，活似一对双胞胎。虽然他的长发7岁时才剪短，但童年时代的男扮女装对海明威毫无性格上的影响。

海明威童年时十分自信，敢作敢为，特别喜欢夸大炫耀自己的成就。他的母亲回忆说："海明威常沉醉在射猎虎、狼、熊、狮和野牛的幻想中，当他的努力受挫或失败时，往往大发雷霆，又跳又踢；而做游戏时，却又能忍受各种粗暴的动作。从第一次在湖中游泳时起，他就什么也不怕。当别人问他怕什么东西时，他兴致勃勃地大嚷：'我什么也不怕。'还只是5岁的小不点呢，他就说他单手拦住了一匹惊马。"

格雷丝在儿子长大成人的岁月里没少操心和担忧，可她那望子成龙的心情却处处碰壁。

海明威6岁时，他的外祖父去世。母亲用她继承的遗产，在橡树园北大街600号建了一幢两层楼房。灰泥粉刷，木质镶嵌，共有15个房间，其中一间是格雷丝亲自设计的音乐室，约 30 平方英尺，室外带有阳台。在这间房里格雷丝教她的儿女和学生学音乐，有时也做个人演出。楼下则是埃德的会客室、医疗室和收藏室，收藏室内收藏着各种制成标本的野兽、石斧、印第安箭头和一些东方珍品。海明威有一个叔叔在中国传教行医，那些中华珍品，如中国陶器、西藏转经轮等都是他寄来的。

格雷丝对子女期望颇殷，要孩子们确定他们努力的目标，然后全力以赴，直到成功。她对海明威最开始的期望是成为大提琴手，在儿子 6 岁时就给他买了一把大提琴。给学生授课时，她让孩子们也参加，指点他们一些诀窍。在海明威家的室内小型管弦乐队中，海明威的母亲弹钢琴，他的妹妹拉中提琴，海明威则拉大提琴，格雷丝的学生或朋友拉小提琴。格雷丝认为儿子很有才能，如致力于学习大提琴，很有希望成为第二个卡萨尔斯（西班牙著名大提琴家）。

海明威却毫不领情。他认为自己没有音乐天才，就是练一百年也是白搭。与其闷在屋里练琴，还不如到操场上踢足球去呢。他虽然顺从母亲的旨意学琴，但心中对这种强制性训练一直很抵触。一次，海明威特别烦躁，故意拉断一根琴弦。格雷丝非常恼火，斥责了他一顿。

其实,母亲教他学大提琴还是有其积极作用的。中学时代,海明威在学校管弦乐队里一直担任大提琴手,从低年级到高年级也还基本胜任。而且,海明威自己也承认,学习些音乐技巧,对一个作家来说很有必要。这些音乐知识,在他创作《丧钟为谁而鸣》的对位结构中发挥了作用。在他的小说《过河入林》中有这样一段文字:

> 她的声音是如此悦耳,使他回忆起帕布洛·卡萨尔斯演奏的大提琴,它使你感到像一个受伤者在痛苦难耐时所得到的安慰。

格雷丝每年都去楠塔基特作海上风景写生,楠塔基特是美国的一个岛屿,位于马萨诸塞州南部,是一处旅游胜地,她每次都携带一个孩子同去。1910年9月,海明威伴随母亲去东部写生,格雷丝带他游览了波士顿的历史遗迹,她向来以祖先的荣华显赫为荣,对儿子说起往事时沾沾自喜。但海明威颇不以为然,因而对陪母亲东游感到兴味索然。相反,他倒愿意和父亲一起在密执安大草原、在沃伦湖畔过着豪放的渔猎生活。

格雷丝女士温文尔雅,平生引以为自豪的就是她那个带演奏台的音乐室；而埃德则生活在芝加哥西郊和密执安原野的村落中，把他空闲时间都用于他的两大嗜好——钓鱼和打猎上。

在父亲的言传身教下，海明威一生都喜欢渔猎，勇武好斗。

在沃伦湖畔的夏季别墅里，海明威度过了他童年时代最愉快的日子。

那是一处宁静偏僻的荒野，未开垦的土地上长满了各种各样的野花。海明威在水池中放养了许多小狗鱼，每天观察它们长大。他对父亲快速打飞鸟的本事赞叹不已。

有时父亲也带海明威到密执安州北部森林去参观印第安人的营地，印第安人简朴的生活给海明威以深刻的印象。那里的印第安人重视自己的身体，他们教男孩在森林里独自生存的本领，教会女孩寻找草药和野菜以及做饭、织布和缝衣。这种生活似乎比橡树园人的生活更朴实、单纯。

海明威在密执安州的日子平静安逸，富有天然乐趣。

他春天随父亲猎鹬，冬天去湖上滑冰，赤脚跑在路上，向天空开枪射击野鸭和大雁，更多的时光则在湖内船上垂钓，等待那种巨大的凸眼狗鱼上钩。海明威沉溺于玩乐，对音乐课不免荒疏。每次到别墅来，他就把大提琴放

到房间角落中去,母亲不督促,海明威便不碰。至于书,他倒是无所不读,读书所用的时间和所读书籍种类之多都与他小小的年纪不相称。

据海明威自己回忆说,户外的海阔天空给他不少启迪。

一次他发现一条长蛇在捕捉蜥蜴,那只蜥蜴比蛇粗一倍。长蛇张开血盆大口,努力把蜥蜴往下吞。那只蜥蜴奋力挣扎,顽强得令人吃惊,每当蛇停下来歇口气时,蜥蜴便挣扎着从蛇嘴里露出后腿来。经过15分钟的搏斗,蜥蜴的粗大和力量终归无用,蛇又把头缩回原来盘卧的地方。这就是大自然里的法则,足以说明达尔文关于适者生存的原理。

海明威按照文艺复兴时期的传统习惯,向专家内行去学习和吸收所需要的知识。他广泛涉猎各种书籍,增添了许多经验,从而成为一个伟大的教师。他教妻子儿女和朋友们钓鱼、打猎,使长子杰克成为一个超级捕鱼手,使次子帕特里克成为白衣猎人,使幼子格雷戈里成为飞鸟射击冠军。

可以这样说,海明威影响了美国三代人如何从事小说创作,他本人也成为美国艺术家们效仿的典范。

中学时代

1913年，14岁的海明威进入橡树园中学学习。橡树园中学是当时最好的中学之一，教师的待遇在伊利诺伊州是最优厚的，因而名师萃集，而且这些名师都注重文科。海明威成为一代文学大师，抛开他个人努力奋斗的因素，与他在中学时代所受的教育也是分不开的。

在橡树园中学的4年学生生涯中，海明威最引人注意的是他那些颇为放纵的课外活动。当时，这些十几岁的孩子把这些活动看得比学业成就还重要。海明威在学校组织田径队，参加水球、足球和游泳等比赛，加入辩论会俱乐部，还是管弦乐队成员，也经常为校报撰稿，是班里的带头人。

海明威才14岁，身高却明显超过同龄人，肩宽体阔。一天，他浏览《芝加哥论坛报》时，看到一则拳击训练班的招生广告，便向父亲请求，允许他报名参加。像往常一样，这件事又引起了家里的争论。

埃德对此表示赞同，对儿子敢于涉足拳击的勇气和冒险精神感到满意：儿子和自己一样热衷于各种体育活动，真是虎父无犬子啊！格雷丝却大摇其头，极力反对。她认为拳击是一种激烈、危险和野蛮的运动，拳击手都是毫无教养的。在母亲内心深处，还怕儿子再受到什么伤害。小时候，这个淘气的儿子从山上往下跑，口里衔着木棍，正跑得急，脚下被树根绊了一下，摔倒时木棍戳入喉咙，把扁桃体都捅出来一部分。还有，儿子长期在湖上垂钓，小小年纪腰便有些弯，背也微驼。格雷丝想把海明威培养成斯文知礼的绅士，便不愿儿子误入歧途，何况拳击与橡树园传统格格不入。为了说服丈夫，她着重指出，尽管海明威的各门功课都很优秀，但他花在课外活动上的时间太多，在音乐和学业上用的功夫太少了。

经过无数次争论，父亲的支持占了上风，海明威终于去上第一堂拳击课了，不料这险些成了他的最后一课。因为给他安排的练拳对手是个职业拳手，此人是中量级拳手中的佼佼者，身高力大，拳法娴熟，反应敏捷。双方实力的悬殊是显而易见的，所以当时拳场老将同意轻打互让。大家都认为海明威在职业拳击家的重拳下不堪一击，不料比赛开始后，海明威劲头十足，两人逐渐打得不可开交。职业拳手很快放弃了点到为止的打算，一轮快拳反击过去，把切磋技艺变成一决雌雄。几个回合后，海明威便被打倒在地，一记重拳击在他鼻子上，鲜血直流。

"这种事情我早就料到了，"海明威懊恼地对他的一个同班同学说，"但无论如何我也要试一试。"

"那时候你害怕了吗？"

"怕，当然怕，那家伙打起来像是要你的命。"

"那你又何必要和他打？"

"我还没有被吓倒。"

格雷丝见儿子负了伤，大发雷霆。但到了第二天，海明威照样走上拳场，只不过模样有些狼狈，鼻子贴上了纱布，眼底下也是又红又肿。没有坚强的意志是学不了拳击的，许多挨不过皮肉之苦的新手纷纷退出。海明威一如既往，一直坚持到底，很快成了一个出色的拳击手。1916年海明威第一次参加了职业拳击赛。在橡树园的一次比赛中，他与沃伦湖的一帮男孩子对抗，曾把一个男孩打得不省人事。

海明威是个出色的拳击家，在练拳和比赛时却一次又一次地受伤，他的身上经常是青一块紫一块，不过无论当时还是后来的一生中，海明威从未考虑过放弃这种运动。另外，在足球场上，这个高大的小伙子也常受到撞伤、擦

伤和挫伤。

母亲的焦虑随儿子的一次次受伤而加深。她又是发愁又是伤心，担心长子过不了青春期就可能给打得无药可救了。这也难怪，她是一位温文尔雅的女士，来往的朋友也都是淑女绅士，而海明威却经常像个小胡同里的野小子，热衷于参加危险的比赛，如果腿跌断、头打破，真给这个有教养有文化的家庭丢脸。

海明威的一个同学回忆海明威颇不随和的性格时说：

> 海明威极为好胜，对任何人包括他的朋友在内均如此。他从不让任何人，包括其家庭和学校，来约束他的行动自由……他总是雄心勃勃，富于竞争性，想干什么就一定要干什么，为达此目的曾多次应征入伍。

班上一个女同学对这个高个、褐色眼睛、长得英俊漂亮的小伙子的看法则是"非常自高自大，又颇固执己见，有时真让人反感，但另一方面又极具个性"。

海明威个性极强，对橡树园严谨的清教徒习俗极为不满。拿他的名字来说，是以他外祖父欧内斯特·霍尔的名字命名的，海明威对此名很讨厌，把它和奥斯卡·王尔德的喜剧《认真的重要》中天真得可愚弄的主人公相联系，他认为，欧内斯特这个名字资产阶级气味太浓，毫无生气和想象力。于是他常常为自己，也为所有的亲友，取一些滑稽可笑的绰号。他的绰号有威米兹、塔蒂、斯泰因、海明斯坦，晚年他的绰号是爸爸。

海明威的双亲对孩子们要求极严，规定孩子们生活要有规律，注意整齐清洁，等等。这种严格要求有时也遭到少年海明威的反抗，有些抵制行动非常可笑。有一次，父母告诫他不要挑食，可不管父母如何诱导甚至加上耳光，他就是不吃蔬菜，结果自讨苦吃，造成便秘，一连9天大便不通。

1915年发生了一桩重要事件，这件事对海明威影响极大，后来他把这件事写入小说《最后一个乐园》中。16岁的海明威打下一只蓝色苍鹭，这是一种严禁捕杀的珍禽。海明威把它藏到衬衫下，带到船上藏好，但还是被巡查员发现了。巡查员来了解苍鹭事件，并扬言要逮捕海明威。海明威开始躲在林子中，后来向叔父乔治求救。乔治不帮忙，他要海明威去投案自首，认罪罚款。也就是这位铁石心肠的叔叔，在1928年海明威父亲自杀之前，拒绝借钱给他父亲。在海明威的小说《印第安营地》中，乔治被描绘成丧失同情心的人；在另一篇小说《三次射击》中，父亲在叔父乔治的调唆下，指责儿子怯懦。

海明威无视橡树园的禁酒法令，他和几个好友经常聚会饮酒。17岁的海明威常夸口说："海明威，酒满杯。"当然，他决不敢在家公然喝酒，并想方设法隐瞒他饮酒作乐的情况。

海明威从那所循规蹈矩的橡树园中学毕业多年后，他的一个老师还评论说："在基督教和清教徒哺育下长大的孩子，竟会对恶棍和下等社会知道得那么清楚，描写得那么生动，这使我本人和别的许多橡树园人都觉得奇怪。"一个邻居也说："欧内斯特居然能写出那种书，实在叫橡树园的人大惑不解，惊讶不已。"诚然，以橡树园的传统道德来衡量，海明威的言行无疑已离经叛道，是一个桀骜不驯的少年。

如果根据海明威的叛逆性格就认定他是个坏小子，或从小表现就不好，那可就大错特错了。在学校的年鉴上记载着："还没有人比海明威更聪明。"海明威的各门功课都很优秀，他在体育运动方面的技能更是出类拔萃，可以说在橡树园中学体坛上，海明威的知名度有时超过了一些体育明星。

海明威的一个同学回忆说:"海明威长得英俊,谦恭有礼,注重友谊,他既重视公理会教堂著名的威廉·巴顿博士的布道活动,也对沃林顿剧院上演的戏剧感兴趣……"在学校里,多才多艺的海明威也尝试过演剧。在《好!布鲁梅尔》一剧中,海明威戴上假发,扮演剧中男主角,即使在舞台上也不失幽默,他语带双关地开玩笑说:"海明威站在舞台上,晕头转向,只好随心所欲地表演,虽然他已尽其演剧的才华,但还是把剧演砸了,使他的班级在演剧竞赛中名落孙山。但对他个人而言,也算是一生中唯一的一次扮演高贵的角色了。"

1917年2月3日,橡树园地方报《橡树叶》报道了海明威见难赴义的事迹。那天海明威去餐厅用餐,厅内的升降机突然发生故障,当时餐厅的3个女服务员正乘升降机送菜,出现故障后非常危险。海明威立即跳过去,抓住缆链,一个人赤手空拳地吊住滑轮,直到另外4个男同学一起跑过来帮忙,才将女服务员救下。这件事表现了海明威敢作敢为、有正义感的性格。

总而言之,海明威的叛逆行为只是相对家乡清教徒的戒律清规而言,抛开这点,海明威是一个品学兼优的少年。

海明威从小就博览群书。他那种什么书都读、什么时候都读书的情形明显超过了他的同龄人。每天晚上，保姆收拾好他的房间，整理好所有的书，并安排他睡觉，每次海明威都甜甜地和她道晚安。第二天早上，保姆打扫房间，总会发现床垫下、枕套里，到处塞满了书。

海明威上学以后，书读得更多。这时他已开始有选择、有目的地读文学大师们的作品。海明威晚年曾给青年作家开了张推荐书目，他列举了以下一些书：

《羊脂球》、《戴家楼》——莫泊桑

《红与黑》——司汤达

《恶之花》——波特莱尔

《包法利夫人》——福楼拜

《追忆逝水年华》——普鲁斯特

《布登勃洛克一家》——托马斯·曼

《塔拉斯·布尔巴》——果戈理

《卡拉玛卓夫兄弟》——陀思妥耶夫斯基

《安娜·卡列尼娜》、《战争与和平》——托尔斯泰

《哈克贝利·费恩》——马克·吐温

《白鲸》——麦尔维尔

《红字》——霍桑

《红色英勇勋章》——斯蒂芬·克莱恩

《德·莫甫夫人》——亨利·詹姆斯

上面的作家中,他最推崇的是托尔斯泰,另一个是莎士比亚。

在学校的最后两年,海明威集中精力写作,受到英文教师狄克逊和比格斯小姐的器重。

狄克逊小姐中等身材,肤色黝黑,富有活力,言谈举止俨然不让须眉,她的课生动活泼,绝不沉闷。在英文课上,狄克逊小姐经常给学生朗读新出版的主要文学杂志,她还为班上的各种表演剧担任导演。

比格斯小姐细高个,瘦削脸,发型很奇特,头发从四周向上梳成蓬松而高的发式,可以说是个白肤金发碧眼美人。比格斯小姐为人严谨,言谈缜密,举止庄重。作为一个教师,她因性情和善而深受学生爱戴。

海明威是橡树园中学的优等生,他坚强的个性、体育方面出类拔萃的素质以及学业上优异的成绩,给他的每个老师都留下了深刻印象。两位英语老师对他更是另眼相看，认为他在文字表达上有很高的天赋。在校的头一年，老师们就发觉他对描写现实中的惊险场面怀有浓厚的兴趣。

海明威说过，他是靠阅读《圣经》学习写作的，主要是《旧约全书》。这种说法乍听不免荒诞，不过海明威出身宗教家庭，又经常去教堂唱赞美诗，《圣经》是他最早的读物是肯定的。

狄克逊和比格斯都是校刊《高秋千》的顾问。作为校刊编辑，海明威经常为《高秋千》写一些体育方面的专栏文章，他还鼓励他的运动员朋友也来写。他们有意识地模仿某些专栏作家的特有文风，那就是快节奏和口语化。其中最喜欢模仿的专栏作家是林·拉德纳，他经常用莱恩·奥泰普的笔名为《芝加哥论坛报》写文章。海明威的每周专栏文章花了不少笔墨渲染自己的业绩，因而他在学校体坛上的知名度很高，有时甚至超过一些体育明星。

海明威写文章不乏幽默感。有一次，狄克逊老师布置了课堂作业，让学生们分析歌谣的写作技巧，使她大吃一惊的是海明威的卷子上写着一首歌谣：

哎哟，我从未写过歌谣

这回我倒要吃虾仁色拉了

(我多么不喜欢这种粉红色的东西，上帝知道)

但是狄克逊小姐一定要我吃

(我几乎已经忘掉)

不过我依然坐在餐桌旁

我的脚尖朝向东方

海明威在《高秋千》上发表了另一篇近乎儿戏的讽刺小品，目标是乡村俱乐部中的一伙人。这篇文章如此露骨，使学校校长感到惊恐和难堪。小品是这样的：

戴尔·巴姆斯特德先生定于明日在乡村俱乐部举行晚宴舞会。莫里斯·马塞尔曼、弗雷德·威尔科克森、欧内斯特·海明威、亚伯拉罕·林肯等先生和若菲将军等都不会出席，因而也就有了充分的证据说明他们不在犯罪现场。

在1916年11月到1917年5月海明威任校刊编辑期间，他大约写了34篇文章，其中3篇是小说。这3篇小说

都发表在学校杂志《写作园地》上。海明威在他 16 岁时完成了他的处女作,这篇小说的名字叫《塞皮·静岗》,故事以对话形式写成,借助密执安州北部奥吉布威一个印第安人之口,讲述了一个行凶和复仇的流血事件。这是一般的青少年作品,但出于一个 16 岁少年之手,你就会觉得下面的片断值得一读:

初升的满月从东边的山后露出了一个边缘。我们的右边是一道杂草丛生的河岸。

"咱们坐下吧,"比尔说,"我给你讲过塞皮·静岗的故事么?"

"很想听一听"我回答道。

"你记得老乌鸦保罗吗?"

"就是上次 7 月 4 日那天喝得醺醺大醉,后来睡在皮尔马奎特铁轨上的那个家伙?"

"对了,他是印第安人里的一个坏蛋。到了半岛上,他没法喝得烂醉了。他向来是成天喝酒的……什么酒都喝。但是他现在没法喝得烂醉了,于是他急得发疯;但是他再也不能狂饮烂醉了。"

这篇小说的主人公是个混血儿，短短的篇幅里就有两起凶杀，不过布局很得体。这篇小说已具备了海明威风格的雏形。暴力的主题、简明的结构、对话的方式一直没有太大的改变。

海明威这3篇小说显示出他较早地接受了某些文学家写作技巧上的影响。如这篇《塞皮·静岗》中的野蛮报复，无疑学习了杰克·伦敦的冒险故事；他的拳击故事《颜色事件》中出人意料的结局，是受了欧·亨利的影响；而他在《对马尼图的判决》中描述的双重死亡，则是从吉卜林写的《通道的尽头》中得到启迪。海明威在橡树园中学受到的良好教育，以及他在创作方面做过的尝试，为他成为一个作家打下了坚实的基础。他写体育专栏文章时，模仿了专家们快节奏、口语化的文风，这使毕业后成为一个见习记者的海明威受益匪浅。

海明威像一株新荷，像一只雏凤，在文学创作上初露峥嵘。

毕业风波

海明威在中学广泛地参加了各项活动,这些课外运动耗费了大量时间和精力。但他在高年级时的成绩仍然十分优秀,他的学习成绩如下:

英文:95　85　90　95　93
古代历史:90
美国历史:93
法律:93
手工:90
科学:85
动物:80
化学:85
代数:90
几何:70
拉丁文:70　75　75

从这份成绩单来看，海明威的英文、历史、代数和法律优秀；动物和化学良好；拉丁文和几何则一般。

海明威的成绩是完全能够升上大学的，橡树园中学毕业班2/3的学生都是要继续升学深造的。学校保送他上伊利诺伊大学，家里希望他跟父亲一样进奥柏林学院，将来学医。海明威的姐姐玛塞琳曾进过奥柏林学院，虽然一年后因身体欠佳被迫退学，但她在学院的成就却被家人引以为自豪，她是该校有名的歌手、钢琴家和各种典礼仪式上的演讲家。

海明威不想上大学，他自有打算。1917年春，美国已经参加第一次世界大战，海明威迫不及待地想走上战场，这种参战的冲动不仅与祖父的熏陶有关，还受到了崇军尚武的威廉·巴顿博士的鼓励。这位公理会教堂的牧师，是研究南北战争的专家，在布道时也大谈特谈林肯的事迹，有些清教徒抱怨说："我们在教堂老是听见这些，怎么不讲圣经呢？"当1914年4月美国参战后，这位爱国学者敦促海明威和另一些中学毕业生参军，报效祖国，建功立业。而公理会教堂一位不孚众望的牧师却反对战争，在舆论和公众拥军参战的热情下，他最后失掉了职务。

1917年5月，海明威领取了毕业文凭，在毕业典礼上，学校向他颁发了优秀成绩奖，致了祝词，仪式十分隆重。毕业典礼刚结束，海明威和同班同学立即赶到募兵局。但各种军役体检极严，海明威左眼弱视，经验丰富的军医一眼就察觉了，便把他推到一边。尽管海明威身材魁梧，体壮如牛，反复恳求并声明自己精通枪械，军医们还是一点也不肯通融。海明威只好眼巴巴地看着自己的同学报名，他们兴高采烈的神情使他越发难过。

参军不成，海明威仍不打算上大学。他准备同橡树园告别，同芝加哥、也同现在的生活方式告别。18岁的海明威已不再需要这个处处束缚自己的地方了，他要走自己的路，而不是遵循父辈的足迹去生活。海明威拿定了主意，他没有征求母亲的意见，而是告诉她说，他要到堪萨斯城去当记者，干上一年，取得工作经验后再上大学。这不过是借口，海明威的真正目的仍是参军，上战场，像祖父一样在戎马生涯中做一个英雄。在堪萨斯城没有家人的阻挠，他是有希望设法到意大利参加战争的。

母亲对海明威如此轻易地放弃上大学的机会恼火万分，他是海明威家头一个不想上大学深造的孩子，为此，她和海明威谈了好多次，忠告、诱导、斥责都没有用。父亲则觉得海明威现在就去参加战争未免太年轻了，他不知道儿子迫切希望参军的原因何在。海明威认为从祖父参加布尔溪战役以后,再没有一场值得参加的真正战争了。不过埃德倒赞同儿子在升入大学以前工作一年,他通过弟弟,为海明威在著名报纸《堪萨斯城明星报》谋得一个职位。

海明威毕业后可选择的前进方向有三种:上大学、就业和参军。父母坚持让他上大学,而海明威却选择了后者,这是海明威和母亲之间的主要矛盾之一。后来他从欧洲胜利凯旋,母亲旧话重提,又让他上大学。当海明威再次违抗母命后,矛盾进一步激化,以致海明威被赶出家门。即使海明威功成名就后,家里仍认为他是海明威家族的耻辱,理由之一就是他是海明威家族中唯一没有上过大学的人。

海明威的英文教师比格斯小姐说:"那时,海明威对他的父母双亲均有抱怨,因为其他孩子都能得到他们父母更多的关怀……'而我的父母谁也不来学校看望我,不管我在学校表现如何好,如何需要他们的支持。我在学校一切都得我自己来承担。'"然而当父亲为他的朋友包扎伤口时,"他又充分流露出对父亲的敬爱,并以此为荣"。

海明威是富有传奇色彩的名人。20年代他是一个文雅自信的文人；30年代是一个狂妄自大的英雄；40年代则成了醉酒的吹牛大王；50年代末期健康遭受严重损伤，老年海明威在公众形象方面的缺陷更是远近闻名。在人们心目中，海明威是个傲慢的利己主义者，这种形象如此根深蒂固，以致他们看不到他性格中较文雅、深沉的一面。卢斯·塔金尼在谈到海明威复杂的性格时说："欧内斯特为人高尚，是个很好的朋友，他的思想和感情中充满着慷慨与热情，有时表现得多愁善感，特别沉着和谨慎，但主要的是他的性格非常复杂。"

正因为海明威复杂的性格，所以他对自己青年时代的回顾往往不足为信。他总为他的各种错误过失找一个替罪羊。海明威在给他第4个妻子的情书中言过其实地说起母亲的过错和自己的不幸，他认为母亲的主要问题是童年时由于外祖母早逝而缺乏教养，成年时又不恰当地放弃了她的音乐生涯而形成的。他认为母亲在音乐上取得的一定成就有虚假成分，说格雷丝不注重品德修养，为人又冷酷无情；父母的吵架使他心烦，而争吵的结果是埃德屈从格雷丝，继而改变了海明威的志愿；父母都把沉重的家务负担压在他肩上，使他穷于应付；母亲患病住院期间，是他在橡树园最愉快的一段时光，因为这时候，孩子们都摆脱了她的管教约束，他们也从未去探视这位"母老虎"。海明威所写的听起来似乎合情合理，其实大谬不然。第一，海明威的外祖母死于1895年，此时格雷丝已是23岁的成年人了；第二，格雷丝患的是传染病，否则埃德也一定会坚持让孩子们去医院探视母亲的。

　　1928年埃德被健康和经济问题折磨得身心憔悴，用海明威的祖父从部队带回来的手枪自杀身亡。这件事对很眷恋父亲的海明威来说简直是晴天霹雳。他刚给父亲邮去一封信，信中说他能经常向出版社借钱，劝父亲不要为债务困扰。可惜这封信在埃德自杀后20多分钟才送到家里。海明威对自己没有及时帮助父亲深感内疚；而对父亲去世后他不得不资助母亲感到恼火。他要为父亲的自杀找一个替罪羊，所以海明威追溯往事时，修改了自己的童年历史。他说男性味十足的格雷丝慑服了她那怯懦的丈夫，并促成了他的自我毁灭。在海明威所写的《大夫和大夫的妻子》中，格雷丝被描绘成伪善、专横而又迟钝的女人。在他另一篇《我把我自己打翻在地》中，格雷丝烧毁了丈夫珍藏的石斧和印第安箭头。实际上这些都是他杜撰出来的故事，埃德自杀前始终保存着他的收藏品。

　　格雷丝1951年去世时，海明威内疚地回忆起有关他母亲的美好往事。像大多数为人之子一样，他既尊敬自己的双亲，但也对他们的主要缺点认识得极为敏锐深刻——格雷丝自私成性，埃德固执己见。

1917年10月，海明威离开家乡前往堪萨斯城，在他参加工作前，他经常流连于芝加哥的足球场、游泳池、博物馆、酒吧、妓院和赌场等处，沉湎于暴力和酒色中。在海明威1945年的一封信中，他对这段追欢逐乐的生活作了详尽的描述：

> 我常常回忆起那些令人难忘的日子，那时，我还只是一个孩子。当我第一次在艺术殿堂里看到那些画像时，确实感到了宗教的虚伪。我也常常去妓院、酒吧间，它们位于来自南部各州的人聚居的街道，那街道真是世界上最长最长的啊！还有啤酒窖。我们还去赌博，在我们这一群中，有时是我，或者是杰克·彭特科斯特掷骰子。有时候我们也去踢足球，坐着汽车去，一路很冷，跳下车来，赶快活动活动，暖暖身子。钉鞋踩在球场上的那种感觉也使我难忘。观众的那种喧哗吵闹，以后再也未看到、听到、甚至想到过。我们

游完泳后，一直跑去吃红肠面包拌芥末，加上泡菜。还有我们在德雷克大酒店的流连，等等。

海明威在中学时代喜欢为校刊撰稿，毕业后第一个工作是担任《堪萨斯城明星报》的见习记者，这个职位是他的叔父泰勒·海明威为他谋得的。

泰勒·海明威是一个靠经营木材发迹的商人，在堪萨斯城定居。他是《堪萨斯城明星报》的社论首席撰稿人亨利·哈斯克尔的挚友。亨利帮海明威找到一个见习记者的职位，同时兼做杂役和"高中刚毕业的小伙计"。月工资60美元。

海明威从1917年10月中旬开始工作。起初，他住在叔父家。很快地，海明威感到这种家庭气氛让初次离乡的自己想家，眷恋家乡的生活。几周后，他搬到一个朋友的狭小阁楼上去住，这个朋友叫卡尔·埃德加，是海明威在沃伦湖畔结识的。埃德加在一家燃料公司工作，他相貌平平，人缘却相当好，所有的人都喜欢他。海明威在堪萨斯城的生活还是蛮舒适的，每月60美元，而房租和日食两餐仅需支付35美元。

海明威初到堪萨斯城，最迫切的愿望仍是参军。他向

各种军队志愿报名,都因体检严格未果。密苏里国民卫队刚成立,海明威就申请参加了,在那儿接受了6个月的军事训练。当他知道立刻动身赴战场的希望很小时,便开始安心地做他的见习记者。

海明威和许多著名作家,如马克·吐温、斯蒂芬·克莱恩、辛克莱·刘易斯等人一样,都是先当记者,然后才成为作家的。《堪萨斯城明星报》素以善于培养新闻工作人员而自豪,它颁发了一本著名的工作手册,对海明威后来独创的散文风格极具影响。它提倡文风明快有力、句短段小,强调新闻的新意、时效、准确和凝练。这本手册还包括110条不得违反的硬性规定:

第一条——要用短句

第二条——要有明快的风格

……

要切实可靠;要用动作词汇去写;删去尚有怀疑的段落;删去冗长的句子;删、删……删,能用一字足以表达的不用两字;不许写"黑色的乌鸦",因为乌鸦都是黑色的;不许写"大的悲剧",因为悲剧都是大的,事故也都是大的。对于这些"风格规定",时隔多年的海明威认为:"这是我在学习写作上得到的最好锻炼,也是写作的重要原则。我永远也不会忘记它。一个有才能的人在真正感受和如实描写他要表达的一件事情时，只有遵守这些原则才能做到万无一失。"

和所有初涉社会的年轻人一样，开始时海明威也不适应他第一个工作环境。由于橡树园的影响，他见到生人非常羞怯，缺乏一个新闻记者必须具备的活跃性格。尤其在采访涉及到别人的私生活时，更易发窘，橡树园传统的斯文修养，使他羞于启齿。但海明威精力充沛，哪里需要采访，他总是马上搭救护车或警车赶到现场。慢慢地，他也逐渐活跃起来，积极地投身新闻工作，到处打听内幕新闻。他跑到警察局，采访犯罪新闻；他去火车站跟踪采访出游的名流和可疑人物；他到医院去核实凶杀、事故和一些死亡事件。海明威一生都富于幻想，喜欢冒险。凡是行动与暴力和灾祸有关的事情，他总是先到现场观察，然后坐在打字机前写稿，他每日的生活都是快节奏：早晨7时起床，8时赶到办公室，在市内到处采访，一直奔波到下午1时，才花20分钟吃一顿快速午餐，再一直工作到下午6时，等他回家时已是精疲力尽。

报社里的同事们都认为海明威是个脾气好、有良心的大孩子。该报主编回忆起这个18岁的见习记者时说：

"他喜欢行动。派他到中心医院采访时,他有一个惹人生气的习惯,那就是一见有救护车要开出,他就要坐上,去看某种令人痛苦的创伤。事先也不通知本市新闻编辑部而擅离职守,因为他总是要亲临现场。我认为,这个特点在他后来的作品中一直是很明显的。"警察局也是海明威经常光临的地方,他和鲍斯威尔警长搞得很熟,并有正规的警用星号。海明威颇有正义感,《明星报》当时正在揭露市政当局的贪污腐化,主管医疗部门的官僚政客们一年就贪污27 000美元,致使治病用的X光设备、防腐杀菌剂等都不够用。当时脑膜炎、天花正流行,这无异于犯罪、杀人。作为一个救死扶伤的医生的儿子,海明威特别关注这类事件的发展。有一次,海明威在火车站发现一个天花患者,奄奄一息。周围的人害怕传染,躲得远远的,没有人肯伸出救援之手。海明威毅然背起他,走出火车站,雇了一辆出租车把患者送到中心医院。

海明威在中学时代就接受了老师们精心的教育和培养,在《堪萨斯城明星报》工作期间又继续得到很好的训练。海明威喜欢搞特写,通过报道对象的所作所为来揭示真相,而不是平铺直叙地加以报道。他在《堪萨斯城明星报》上写的最感人的一篇特写是《战争、艺术和舞蹈熔于一炉》，是"一个妓女悲惨的故事"，可特写中并没有说明她是妓女，更没有解释她为何从一次时髦舞会中被赶出来。在这篇洗练而又意味深长的短文中，海明威第一次试图实践一下他的创新观点，即一个技巧娴熟的作家，可以省略不写某些情节，但他同样能让读者体会到这些。

海明威的两个短篇和《在我们的年代里》描述了堪萨斯城，另外还有13篇未署名的文章，都预示了他后来写小说时，对拳击、犯罪、暴力、英雄行为以及自杀和死亡等问题的关注和兴趣。

海明威并不安心做一个见习记者，他要上前线，上那个炮火连天的前线。他蓄了一绺小胡子，这样可以使他更像一个成年人。但他一次又一次报名应征，均因弱视被军队拒之门外。他被上战场的冲动折磨了7个月，机会终于来了。

帮助海明威参加战争的是他的好友特德·布伦伯克。布伦伯克是康奈尔大学学生，在一场高尔夫球赛中弄瞎了一只眼睛，从此离开了学校。他的父亲是堪萨斯城的著名法官，因而他被美国野战后勤部门录用，作为红十字会救护车司机奔赴前线。布伦伯克从1917年7月一直干到11月，回国时还穿着阿尔卑斯山轻骑兵的军服。他从欧洲战

场回来后,也做了《堪萨斯城明星报》的记者。

海明威和布伦伯克一见如故,结成好友。海明威结束白天的工作后,经常邀请布伦伯克到他房间里来,两人一边朗诵布朗宁的诗,一边喝意大利红酒,共度一晚时光。海明威仿效布伦伯克,1917年12月申请参加红十字会救护队,1918年4月30日他被接受入伍,成为红十字会救护车的志愿司机。5月12日,海明威和布伦伯克正在霍顿湾钓鱼时,收到了通知,匆匆赶回堪萨斯城领取了红十字会发给他们的军装,上面还带有名誉少尉的符号。一周后,志愿军在纽约集中,举行了阅兵式,他们经过彩旗飘扬的阅兵台时,威尔逊总统和夫人对这些出国战斗的健儿频频点头,挥手告别。美国第一次派遣青年到国外参加这样大规模的战斗,海明威被这宏伟的场面深深地感动。

"我简直激动得发狂。"海明威说。《堪萨斯城明星报》刊出了照片和文字报道,宣布本报两位青年记者即将从大西洋岸边某港口前往意大利。这些救护车司机都受过良好教育,用美国报刊的说法:"他们是美国的精英。"海明威在红十字会救护车队中特别突出,他年纪最小,差两个月才19岁。在纽约度过的最后一夜,海明威说,那是他一生中最热闹、最欢乐的一夜。他和布伦伯克彻夜饮酒狂欢。

也许高兴得过了头，出发前夕，海明威给父母和许多朋友去信，宣布与著名的电影明星梅·马什订婚，梅·马什就是海明威夸口看过30次的电影《一个国家的诞生》中的女主角。

这封信在橡树园一石惊起千层浪，他的双亲震惊之后又伤心不已，他们根本没想到儿子在婚姻上竟采取了个人独立行动，而且感情冲动到想和电影界的妖女结婚，同时也对儿子去城里工作后与他们之间产生隔阂感到伤心。格雷丝十分担心儿子的鲁莽行动会毁坏他一生的幸福，她曾经要为儿子和未来的儿媳设计一个美满小家庭的幻想也随之破灭。她给海明威写信说：

> 看来，我作为一个母亲是不合格的，因为儿子根本不信任我。我一直在问你交了什么女朋友，你从不告诉我，现在却一下子宣布订婚……你将来回家来也许会受伤或致残，这个女人仍会爱你吗？结婚应该是两个相爱的灵魂有过一段坚贞的友谊交往后的事，结婚仪式之前也总得先筑一个安乐窝。

海明威也感到后果的严重,赶忙往家打电话解释说,他这次订婚仅仅是一时的幻觉而已。对此,埃德虽然恼怒万分,但总算松了一口气,他给儿子的信中说:

> 你半小时前来电话解释这只是开了一场玩笑,我听到后,得到了安慰。你这个小小"玩笑",却使你母亲和我连续五夜失眠,我希望你赶快给你亲爱的母亲写信,安慰她破碎的心。

1918年5月23日,海明威彻底摆脱了家庭的羁绊,和布伦伯克乘船前往法国。他们乘坐的法国船叫"芝加哥"号,正好与海明威家乡同名。据说德国间谍常乘坐它往来,因而乘坐它反而安全,不必担心敌潜艇的袭击。乘客在船上无所事事,喝啤酒,打扑克,不然就是赌博。喜欢冒险的海明威却大失所望,他倒希望和敌潜艇遭遇,对于遭遇后的可怕结局并不放在心上。海明威在船上给人的印象是"他真像一头野马,桀骜不驯,傲然天外,昂首长啸,警惕地注视着一切陌生的人"。

海明威一行到达巴黎时,这个欧洲名都正处在大轰炸的灾难中,德国发起了一次企图突破防线的大攻势。铺天盖地的炮弹把房屋炸得东倒西塌，满城都是弥漫的硝烟、横飞的乱石，人们不得不躲进空气恶浊的防弹洞。而海明威对遇上这场炮击却兴奋异常，他用重金雇了一辆出租车，载着他和布伦伯克开到遭炮火袭击的地方，打算用电话立即向《堪萨斯明星报》发出这一现场新闻报道。布伦伯克事后说："我们在车上坐了一个多钟头，在巴黎城里到处追赶炮弹的爆炸，炮弹在空中尖啸，听起来像直扑我们车子。一块弹片击中了马德林教堂的正面，削掉了一大块石头，真够惊心动魄了。"海明威却泄气了，这与他想象中的战场相差太远，说："这简直叫人等得不耐烦，我真希望他们赶快把我们送到前线去。"

在巴黎逗留两天后，6月初海明威他们来到米兰。到达的当天，当地一座军火工厂发生爆炸，红十字会救护车队立刻赶到现场，一些司机被派到那些尚未爆炸的军火库周围巡逻，一些人被派去扑灭还在蔓延的大火焰。海明威还像在堪萨斯城医院工作时一样，从工厂周围的铁丝网篱笆上取下血肉模糊的尸体和断肢残腿。

在米兰，海明威给母亲邮去一张平安信卡，上面只写着：十分愉快。写给《明星报》编辑的一张倒挺详细："到这里的第一天我们就经受了战火的洗礼，因为一个兵工厂整个爆炸了,我们抬伤员,像在堪萨斯中心医院一样。"接着又发一张明信片:"好家伙!!!我真高兴,我身临其境了。"

爆炸发生两天后,海明威和布伦伯克同另外32名美国司机被派到斯基奥的一个救护站工作。斯基奥位于米兰东90英里外。救护站门口挂着一块滑稽的木牌,上写"斯基奥乡村俱乐部"。海明威开笨重的汽车,给军营报纸写了一篇幽默小品,除此以外就是游泳、打牌和闲逛。

这样过了一星期,海明威大发脾气:"我闲得受不了啦,无事可干,尽看风景,可叫我讨厌透了,我要离开救护队,找到打仗的地方。人家在那里打球,我却必须在这等候入场……"

为了更接近与奥地利作战的前线,海明威主动去意大利东北部的皮亚韦前线开了一家红十字小卖部。海明威虽然到了前线,但他仍是一个非战斗人员。他常常静坐在一个地下掩蔽部前面的战壕内,战壕距皮亚韦河20英里,距奥地利守卫线40英里,他做的工作也就是给战斗在第一线的战士们分发香烟和巧克力糖。在海明威写战争写得最好的三篇小说之一《你绝不是这样》中,主人公尼克·亚当斯在美国部队参加意大利战争以前先期到达意大利,他对自己只是扮演一个宣传、鼓动的角色感到啼笑皆非，书中这样写道：

> 别人想象我应该是口袋里装满香烟、明信片之类东西，背上背着一背包的巧克力糖。我来到战士们中，应该是拍拍他们的背，说些温存慰藉的话，然后分发这些东西给他们。

海明威在这场战争中所做的工作虽然有意义，但实在微不足道，他在异国战友中却享有战友情谊，大家都叫他美国小伙子。海明威童年在教堂里唱过赞美诗《银索总有一天会断的》，这首诗虽然使他认识到死亡是无奈且不可避免的，他也会和别人一样总有一天会死，可那时死对他来说实在很遥远；而在战争中，死亡之星每天每时每刻都可能降临，也就是说，死亡是随时要面临的现实。但海明威怎么也未想到，厄运即将来临。

1918年7月8日午夜，海明威在皮亚韦河畔的福萨尔塔负重伤，这次负伤是他人生旅途中重要转折点之一。

那日午夜，海明威在战壕中分发巧克力糖时，抓起一个意大利士兵的步枪，向敌人前沿阵地射击。他的枪声招

致了敌人的反击,机关枪吐着火舌咆哮起来,海明威赶快伏低身子,就在这一瞬间,轰隆一声,密如暴雨的弹片迸射开来。这是一颗河对岸奥地利壕堑打过来的炮弹,站在海明威和着弹点中间的一个意大利士兵当场牺牲,爆炸的冲击波把海明威击倒,埋在土里。稍远处一个意大利狙击手的双腿被炸飞,还有第三个意大利士兵也严重负伤。海明威从震荡中清醒过来,他听到那个意大利士兵痛楚的呻吟,红十字会会员的责任感促使他向伤员爬去。可是两条腿一点劲也没有,软得像面条,身上有点痛,但主要是麻木,使他恼怒又有信心。他艰难地爬到伤员身边,伤员已不省人事,但还活着,海明威抱起他往背上一背,返身往地下掩蔽部撤退。

夜色漆黑,海明威背着伤员蹒跚地走着,两条腿由麻木变成剧痛,背上的伤员悲惨地呻吟,使他更举步维艰。他在泥泞中一步一步地往前移,平日几步就可穿越的路,如今竟漫长无边。突然,伤员尖叫一声瘫软在他背上,叫声惊动了敌人,几束探照灯光交叉扫描着,机关枪也骤然响起。海明威感觉自己像穿了一双长筒套靴,里面灌满热水,膝盖骨活动困难,机枪子弹打到腿上,他跌倒了,但感觉便如冰冻的雪球打在腿上一样。海明威挣扎着,连走带爬，终于从前沿监听哨回到地下掩蔽部。意大利士兵搀他进入战壕，又小心地从他背上抬下伤员，但是伤员已经停止了呼吸。

海明威一头栽倒在地上，昏死过去。人们用担架把他抬到3公里外的包扎所，在那儿的露天手术台等候了两个小时，先做急救处理，注射了几针吗啡和抗破伤风剂。使意大利医生惊奇的是，海明威的伤都位于臀部以下，穿孔达200处以上，有10处是重伤，医生给他取出26块弹片。然后海明威被送往福纳西的野战医院，最后被撤送到米兰的基地医院。

在米兰医院，海明威做了13次手术。庆幸的是，他总算活下来了。海明威两腿伤口像筛子眼一样密集，许多医生都认为他绝对不可能再走路，有几位甚至主张锯掉他的右腿，海明威坚决反对。

"不行！"他对外科医生大嚷道，"哪怕死我也不愿只剩一条腿，死我不在乎，但无论如何我也不肯撑木拐走路。"为了保住右腿，海明威用铅笔刀剔腿上的小弹片，甚至出院后还干这样的蠢事。海明威强健的身体使他恢复极快，不久他就扔掉木拐用两腿走路，尽管还是一跛一跛地摇晃不定。

海明威在米兰养病期间,意大利政府向他颁发了战场十字勋章和勇士勋章,这是意大利表彰作战英勇的二级类最高奖赏。发给海明威的正式荣誉奖状写道:

> 他在遭受敌人许多弹片的创伤之后,不是考虑自己,而是首先以高尚的兄弟情谊,向同时受重伤的意大利伤员伸出救援之手。

布伦伯克,这位海明威忠诚的朋友,在海明威负伤后的第6天,就给海明威的父母去信告知这个不幸的消息并极力宽慰他们。埃德接到儿子负伤的消息说:"伟大的医生会照顾他的。"海明威则在他生日那天给家里邮去一封平安信。

10月份,也就是海明威负伤3个月后,他获准重返前线。当时,海明威除一身伤外,还染上了黄疸病。他那病弱的身体根本适应不了紧张的战地生活,但海明威迫切希望返回前线参加战斗。他整天围着大夫们死磨赖缠,终于说服他们批准他出院。

当时,意大利正准备与奥地利决战。海明威到达前线时,意大利人已全面发起攻势。海明威看望了所有正在工作的朋友们，这虽然合乎情理，但对海明威来说则太过莽撞了。他的黄疸病再次复发，因而很快又回到了米兰医院。

为了弥补自己在战斗中表现平平的一面，战后，海明威编造了一些谎言，吹嘘他在战场上做出的贡献。在一篇新闻采访中，海明威声称他留在前线一直到停战；在一份美国军团的登记表上，海明威故意把自己的身份由荣誉少尉填成意大利69兵团的中尉；这种说法有时候又改成在一个意大利志愿敢死队中服务。在他战后的谈话、演说、信件以及战争故事中，他反复提及这些，最后也就成为大家接受的事实。本来海明威在战争中的表现是英勇的、无可挑剔，但他还是不满足，在虚荣心的促使下，他把自己塑造成一个理想化、神化的英雄。他负伤时是一个非战斗人员，负伤时又是在给士兵们分发巧克力糖，意大利政府表彰的是他救护意大利士兵的行为，而不是他作战如何英勇，而海明威却把自己的业绩夸张地同冲锋陷阵的敢死队相提并论。

海明威负伤以及负伤前后结识的一些朋友对其一生均有重大影响。他在"芝加哥"号上与毕业于普林斯顿大学的比尔·霍恩相遇；在斯基奥救护站与约翰·多斯·帕索斯短暂相逢。帕索斯是第一次世界大战后美国"迷惘的一代"主要小说家之一,当时他也在开救护车,后来成为海明威的密友;在米兰医院与美国女护士阿格尼丝·冯·库罗夫斯基相恋;在英美俱乐部与埃里克·爱德华·多尔曼史密斯相识,这是他一生中最亲密也是最重要的朋友之一。

海明威是在意大利受伤的第一个美国人。他于1918年7月17日被转移到米兰的红十字医院,在这里,他认识了护士之星阿格尼丝,并很快爱上了她。那时阿格尼丝26岁,比海明威大7岁,她颀长秀丽,栗发蓝眼,风姿绰约。她比海明威早一星期来到这所新开办的医院,海明威则是这所医院第一批病人之一。

阿格尼丝既迷人,又富有同情心,她动作敏捷,颇具幽默感,到处洋溢着她的活力、热情。海明威亲昵地叫她"阿格",她是对他的伤痛最有效的一剂药。海明威的密友比尔·霍恩来看望他,比尔说阿格尼丝是"一个美丽、乐观的美国女人,而厄尼在那时则是她看到的最英俊、坚强、魁梧的男人之一。所以他们相爱了,爱得很深。我认为她是一个好姑娘,她是1918年美国在意大利北部的一颗明星,她是真心爱着厄尼的"。

在阿格尼丝的精心照料下,海明威日渐康复,他从床上转移到轮椅上，然后用双拐，最后只拄手杖了。他们一起参观了大教堂、拉斯卡拉歌剧院和科瓦咖啡厅等处，漫游了加莱里阿，一同乘坐敞篷车去看赛马，感情日深。海明威原打算在意大利旅居一年，后来他放弃了这个念头，于1919年1月回国，并与阿格尼丝约好，只待他身体康复就结婚，婚后随他定居美国。可是好梦易醒，世事难料，海明威一走，阿格尼丝就移情别恋，爱上了一个意大利上尉。

海明威没想到阿格尼丝会拒绝和他结婚，她的负心完全出乎海明威意料之外。这次情变给海明威刺激很大，感情上的痛苦如同他负伤时肉体上所受的痛苦一样。在他的《一则很短的故事》中，海明威披露了他和阿格尼丝的恋情，他们之间来往的情书以及他们的结婚计划。当然负伤和情变对海明威而言并不完全是坏事，可以这样说，由于阿格尼丝的拒婚，促使他努力奋斗，终于成为一代文学巨匠。与阿格尼丝的感情纠葛为他提供了创作《永别了，武器》的灵感。在这部世界名著中，阿格尼丝是女主人公凯瑟琳·巴克利的原型。不过小说中所描写的并不与实际生活一样，柔顺的凯瑟琳成为男主人公的情人，而且受到惩罚，难产而死。

埃里克是海明威在米兰休养所认识的，他绰号"钦克"，钦克是诺森伯兰第五火枪队队长，被临时任命为少校，负责指挥在米兰的英国部队。当时他患了严重的胃病在米兰医院治疗。1918年11月3日，他们首次在英美俱乐部碰头，谈话间，一个俱乐部的女服务员跑进来，兴奋地传达好消息说："我们与奥地利的战争结束了。"顿时俱乐部内一片欢腾，海明威和钦克同时感到如释重负。钦克还说："这下我们可以活下去了。"

钦克是一个标准的英国军人。1895年生于爱尔兰，他是一个英国乡绅的儿子，曾就读于桑德赫斯特的皇家军事学院，毕业后即指挥一个营在比利时作战。从1914年12月到1915年8月，他曾负过3次伤，1915年6月16日荣获军功十字章以表彰他在战斗中的英勇业绩。钦克身体瘦长，1.80米的个头，蓝眼黑发，头发修剪齐整，连走路也是英国职业军人那种斗鸡式步伐。但他一点也不像通常的军人那样粗率，钦克性格内向，机智过人，喜欢用双关语说话，很讨人欢喜，有时也显得刻薄寡恩。

海明威与钦克第一次握手时，身上穿的是红十字会的制服。海明威钦佩军人严谨淡泊的作风，渴望有朝一日能成为一个正式军人，因而对自己是一个非战斗人员的身份非常敏感。为了掩饰这点,他极其夸张地吹嘘他的武功,说他在率领志愿敢死队的"暴风"部队作战时受了重伤,并编造出一些风流韵事。钦克哈哈大笑,他很喜欢海明威,觉得这个小伙子很像自己的弟弟。他管海明威叫"波普尔思韦特",两人经常聚首,长时间地饮酒、聊天,海阔天空地胡侃一通,有时也正正经经地讨论各种问题。这些情景海明威在他早期的一首诗里作了回忆:

> 我们总是谈、谈,
> 谈你的事,我的事,
> 谈皇朝,谈你我认识的人,
> 谈牲畜牛马,
> 谈我们去过的地方,
> 谈我们的计划打算,
> 还谈我们缺钱透支,如何应付缝衣匠,
> 还谈我们射猎、饮宴的美好时光,
> 我滥醉胡吹,
> 你也不说我荒唐。

海明威和钦克都年轻,都参加过战争,也都负过伤,两人之间有着知识分子相互同情的心理，也都从大体相似的角度看世界，共同的经历更把他们紧紧地拴在一起。

1919年至1925年，当钦克从科隆调到英国时，他和海明威一起去瑞士、德国、意大利和西班牙滑冰、钓鱼、徒步旅行，还有海阔天空地神聊，就这样，两个人成为最亲密的朋友。钦克还是海明威长子的教父。约翰·多斯·帕索斯曾和钦克徒步旅行过安道尔公国。那是1914年的事了。他说："钦克确实是一个很不错的人，公立中学和桑德赫斯特学院出身，为人耿直，谨言慎行，爱好徒步旅行，喜欢欣赏风光美景。总之，他使人信赖，愿意与他一起爬山越岭。"海明威受他的影响是显而易见的，他非常赞赏英国军人的品德，也有意识地仿效英国职业军人的装束风度。海明威的一个熟人在巴黎看到海明威，认为他的装束神情与其说是一个美国人，还不如说更像一个欧洲人恰当些，他完全可以被误认为是一个年轻的英国禁卫军官。

海明威一向欣赏并美化那些具有某种特长并付诸行动的人，如猎手、士兵、斗牛士，等等，钦克更是他理想中的英雄，启发并丰富了他的想象力。从1932年起，海明威不断在各类作品中涉及钦克，还有他们在一起冒险的经历。这些作品是：

《在世界屋脊上的圣诞节》

《滑雪者幸免于难》

《写给从事军人职业的钦克》

《流动的宴会》

《非洲的青山》

《战争中的人们》

《在我们的年代里》

在那所位于宗教气氛浓厚的郊区的橡树园中学毕业后,海明威在一年半的时间里走过许多地方,增加了许多人生阅历。

橡树园这块狭窄的天地虽没有给海明威留下多少美丽的回忆,却为海明威参加战争、做新闻记者准备了较好的条件和基础。

在堪萨斯城任见习记者期间,深入接触城市底层,集中精力和时间写作,对海明威都大有裨益。

海明威在前线负伤时,他对待战争的看法还是理想主义的,也天真地相信一切有关战争的宣传,还没有意识到自己险些当了毫无意义的炮灰。因为他到意大利的时间很短促,还未看到西部战线的一些恐怖景象。19岁的海明威根本没认识到第一次世界大战的实质。1918 年 10 月 18 日，海明威给父母写了一封信，信中充满爱国主义激情，说他不想因伤回国，决定继续留在前线为国尽力，信中说：

> 这场战争中没有英雄，我们都有为国捐躯的准备，但只有少数人入选，对这些少数入选牺牲的人，也无需给予殊荣，因为他们是幸运儿。我负了伤，我觉得骄傲且高兴……一个男儿战死沙场，他的母亲是世界上最值得骄傲的人，也是最幸福的人。

这种自豪高昂的激情和《永别了，武器》一书中惨痛的幻灭情绪形成了强烈的反差对比。海明威后来认识到"关于战争的真相，在我最需要了解它时却全然无知"。

海明威曾经如是说："是拿破仑教会了司汤达如何去写作。"他还信奉这样一句话："只有遭受巨大创伤后，你才能真正开始严肃地写作。"在前线负伤对海明威的一生产生了奇特的积极效果，他的成名作《太阳照样升起》和世界经典名著《永别了，武器》即脱胎于此。

在这段时间，他又结识了许多朋友，那些经历对他都有益，促使他摆脱狭隘的美国中西部地方色彩，逐渐走向成熟。在父母和恋人阿格尼丝眼中，海明威仍然是个大孩子，但他遭受的伤痛经历，与他的稚气太不相称。他开始赞美苦行僧式的军人美德，这些集中体现在他对钦克的友谊上。但是，后来的和平生涯，对海明威而言，似乎比战争更难忍受。

文坛新兵

1919年1月4日，海明威从意大利的热那亚乘船归国。他给父母寄去描述他受伤详情的一封信，这封信登载在1918年10月5日的《橡树叶》上。至于他的战功、授勋、康复以及到达纽约等情节则登在1月27日的《堪萨斯城明星报》和《美洲芝加哥报》上。在海明威的故乡，他也成了众所周知的英雄。

海明威一生经历颇富传奇色彩，从中学时代直到戏剧性的去世，他始终是人们关注的焦点。海明威是第一个在意大利负伤的美国人，也是第一个回国的；他如此勇敢，身上还残留着许多碎弹片；他仪表堂堂，善于辞令，又享有爱国盛名；他经受如此重伤，却能神奇地迅速康复。在美国人心目中，他确实是一个理想的英雄。所以海明威在纽约港走下船时虽然疲惫无力，但情绪一直很亢奋。1月22日的《纽约太阳报》刊载了一篇采访通讯，说海明威伤达227处，仍急于求职，说他愿意为任何一张报纸服务，只要该报"要的人既不怕工作多，也不怕受伤"。

到芝加哥火车站来接海明威的是父亲埃德和姐姐玛塞琳。橡树园的父老乡亲早已望眼欲穿,整个小镇到处彩旗招展,海明威在欢迎会上穿一身蓝军装,走路昂首挺胸,并借助拐杖把跛足的模样减小到最低程度。

海明威因负伤获得一笔保险金,他可以安闲地待在家里,一年不需工作。刚回来时他情绪高昂,仍为往日纷飞的战火和友情激动。2月19日,在芝加哥的一些意大利社团成员,为了表达他们对海明威的感激之情,在海明威家里为他组织了一次聚会。在会上,海明威用意大利语作了演讲,大家频频举杯。埃德勉为其难地参加了这次欢庆活动,他为儿子的功绩自豪,同时对儿子在家里饮酒感到恼火。

3月24日,海明威应邀在母校演讲。他身穿制服,带着一支缴获的奥地利手枪和一副防毒面具,还有一条满是弹痕和血污的裤子。他论述了他作战的英勇,挥动那条血裤,大谈战争的恐怖,最后说:"这是我平生第一次发表的讲话……我希望这也是我最后一次演讲。"话音未落,台下掌声如雷。

今天的英雄明天就成了过时人物。全国凯旋归来的军人不久就发觉,他们脱下军装,把勋章交给母亲或情人

后，他们也就被遗忘了，荣耀如明日黄花。他们重操旧业，依然是为衣食奔波的凡人，没有政府颁发的职称证书，没有退伍军人的住房凭证，也没有退役年金和津贴。海明威也一样，除了保险金，一点积蓄也没有。

　　海明威虽然不到20岁，但离家以后的经历，使他日趋成熟。他再也不想让自命公正的父母以及家乡清教徒的道德规范来约束自己了，但回家后仍得尊重并迁就这些。回乡最初的快乐兴奋过去后，海明威开始沮丧，心情也越来越坏，对什么都提不起兴趣来，对大学，对女孩子，对工作，对写作，甚至对将来怎么办都兴味索然。战争曾是他的大学，在那里他学到许多。但战争却没有教会他一项谋生技能，反使他和中学时代的朋友们生疏了，他们都已进了大学。海明威渴望成为一个作家，他也知道，他尚不能熟练地运用文字以发挥他的写作才能。在米兰医院时，他写了几篇小说，均被报纸杂志退稿。回到橡树园后，生活比较安适，却又显得沉闷呆滞。海明威腿上的伤还未愈合，便又动了一次手术，加上退伍后的失意，海明威感到寂寞、压抑，甚至窒息，心病似乎比他肉体上的痛楚还重。

　　1919年夏，海明威坐火车到密执安州别墅去消夏。他腿伤犹痛，脚步蹒跚，火车到站时他最后一个下车。这时，他听到火车上的司闸员对司机说："等一下，这里还有一个瘸子，他的东西还没有搬下来。"这句话犹如利剑，切割着他的心。海明威回忆道：

> 我从来没有意识到自己是瘸子，但现在亲耳听到别人叫我瘸子，不再是一个正常的健康人时，我伤心透了，身心都受到很大的打击。一路心情坏极了，没想到自己竟变得人不像人，鬼不像鬼。

战争还强加给他一种痛苦、一种折磨，那就是梦魇。爆炸的炮弹迸射出白炽的火星，把他梦中的黑夜照耀得眼花缭乱。炮弹在空中的尖啸和落地时的爆响以及伤员临死前的哀号把他每个晚上都变成一种苦难，他经常彻夜难眠，害怕黑暗，守着灯火苦挨到天明。大妹厄休拉很体贴哥哥，经常在他睡前陪他喝些饮料，有时直到他睡着了才熄灯离去。

整个夏天，海明威都是在密执安的夏季别墅度过的。他写了好几封信邀布伦伯克来作客，好友到了后，两个人一起打猎、钓鱼、谈天、回忆和计划自己的前程。他们每天的日程都是由他们一时心血来潮安排的。布伦伯克是一个忠厚耿直的朋友，又是一个富于同情心的聆听者，他不知不觉中提供了海明威所需要的精神治疗。海明威逐渐恢复了写作的兴趣，相信靠写小说就可以养活自己。海明威问好友怎么想，布伦伯克说他也相信，并说只要他利用空闲时间写作，《明星报》就会重新雇用他。在这种寂静安定的自我流放生活中，海明威下了一生从事文学创作的决心。

海明威开始经常练习写作。他每天坐下来一遍又一遍地写，写得好时他对自己的前途充满信心，写得不好就恨自己不中用。他鼓足劲去写，可就是没人要这些稿子。他的辛勤劳动得到的只是一次又一次的退稿。

11月，海明威搬到佩托斯基的出租公寓去住，佩托斯基也位于沃伦湖畔，他在那里伏案写了一个秋天和半个冬季。这么长时间的埋头写作，写出的却是一本比较粗糙的书《意大利人的大道》。在这个故事里，主人公是一个意大利拳击手，比赛时用爱尔兰名字，在一次冠军赛时，他弃权去意大利前线参加志愿敢死队，在战斗中获胜，但再也不能回到他所热爱的拳击生涯中去了。这实际是海明威的自传体小说。海明威对橡树园的生活感到沉闷窒息，于是放弃了记者生涯，加入了红十字会，获得了勋章；回家后到处是庸俗的捧场。

1919年12月4日海明威告诉表弟比尔·史密斯，颇负盛名的《星期六晚邮报》退回了他一篇不太成功的小说《狼群和面包圈》；而《大众杂志》则对那本《意大利人的大道》没有退稿。海明威说："上帝保佑，让主编买下它，现在还没有消息，当然是个好兆头。但是，有时好兆头也许是一个大挫折。"不久，退稿信又来了。

海明威初试锋芒竟连连碰壁，在一连串的退稿信打击下，他并不泄气。海明威深信自己在做准备工作，一旦时机成熟，就能冲倒一切障碍，压倒全体文坛老将。使他苦闷的是没有工作和一展文才的地方。不久，机会来了。

战后，海明威应邀作了8次演讲，他最后一次有关战争的演讲是在佩托斯基的公共图书馆内作的。演讲相当成功，它还为海明威带来了好运气。

听众中有一位美丽的妇人，她是海明威母亲的好友，她的丈夫则是一位功成业就的加拿大商人。这位商人叫拉尔夫·康纳布尔，虽然他富于钱财，又有权势，却有一种难以明言的耍笑别人的癖好。一则广为流传的佚事是，一次他打扮成女人，一头闯进男更衣室，当赤身裸体的男运

动员叫嚷着并往门后躲时,他却故意尖声大叫:"我找我男朋友。"

　　康纳布尔夫妇有一个儿子,比海明威小一岁,生来腿就有残疾。他们想为儿子找一个家庭教师,住在一起。康纳布尔很器重海明威,同时觉得他在体育方面的经验和兴趣能鼓舞振奋儿子的颓废心情,再加上海明威也跛足,二人年纪又相仿,儿子必能受这精力充沛的家庭教师的感染而振作。因而他们为海明威安排了这个工作,这样海明威也可继续从事创作。他们包下了海明威的一切开销,另外每月给他50美元的零用钱。康纳布尔在1920年1月12日给海明威的一封信中,详细明白地说明了他的用意,这封信大致如下:

　　你可以安心地住在我家,致力于你的文学研究和工作,别人不会打搅你。我要你做的,只是想通过你的谈话和交往来引导小拉尔夫的生活态度,特别是提高他对体育和人生的乐趣……我迫切地希望他在晚上的活动中能有一个好伙伴。我的计划是,只要你能引导他走上一条正确的人生轨道,你所需要的一切体育和其他费用,我愿全部承担。

他对体育从来兴趣不大，这是由于他生下来时受了伤，以至于他的右手和右腿发育不全——长的长度倒差不多，但是使不上劲。我迫切希望找到一个人能帮助他提高对体育的兴趣，以克服他身体在这方面的残缺不足。

海明威接受了这个工作，并于1月中旬搬到康纳布尔家。康纳布尔家位于多伦多的林德赫斯特大街，那是一所颇为壮观的灰色石头建筑物。在他的带动下，小拉尔夫的精神面貌很快就有了改观，渐渐参与了一些体育活动。

到2月份，康纳布尔回到多伦多。他没有食言，为海明威介绍了他在《多伦多明星周刊》的一些朋友。这些朋友中有一个是特写版编辑克拉克，他一开始不太喜欢海明威，认为他太年轻，不够成熟。当海明威谈及他的军旅生涯和从事新闻工作的经验时，克拉克脸上浮现一丝怀疑的微笑，海明威觉察到这一点，马上拿出自己的勋章和他初当记者时写出的颇有价值的文章，在这有力的证据面前，克拉克承认了他。那年冬天，他们在一起钓鱼、滑冰，后来成为好友。

同克拉克一样，主编克兰斯顿也未看出海明威"有可能成为非凡人物"。碍于推荐人的情面，他让海明威为周末娱乐版写一些通俗小说，每篇稿酬最高只有10美元。因而海明威第一年内的18篇小说仅挣了150美元。从2月到5月他返回沃伦湖畔时，他共发表11篇小说；从1920年10月搬到芝加哥一直到1921年12月赴欧为《每日星报》做记者时为止，他又为《多伦多明星周刊》写了22篇小说。

海明威这些作品虽显稚嫩却颇为生动，具有讥讽意味和戏剧情节，还带有一些说教和内幕成分。它们的涉及面极广，从画的出租、免费修面、结婚的礼物、狐狸饲养场的经营，到商店的小偷、威士忌的走私、大城市的犯罪和暴力，无所不有。他写的关于野营、钓鱼和拳击等方面的作品，更带有强烈的自传意味，在这方面发挥最好的是他的《大二心河》。为《多伦多明星周刊》工作的日子，为海明威形成自成一家的文风筑下坚实的基础。

海明威5月从多伦多返回沃伦湖畔，他辞去了家庭教师一职，因为他认为自己已完成了任务，小拉尔夫已一改颓唐状态，积极地投身于体育运动。海明威在夏季别墅庆祝了自己的21岁生日，刚过完生日，就为一桩小事，公开与母亲吵了一架,被父母赶出家门。

　　这场冲突酝酿已久,无可避免。这不仅是海明威与父母矛盾的激化,也是他叛逆行为与橡树园宗教传统的一次交锋。

　　海明威对父亲眷恋极深,但父子间也有矛盾。早在中学时代,海明威暑假期间就去铁工厂做小工,或者在自家农场干活。这个农场是埃德在夏季别墅附近买的,占地40英亩。埃德希望儿子多在农场里干活,海明威每日割草、打苜蓿、收马铃薯和豆子,工作时间很长。而同样酷爱渔猎的海明威对这些家庭杂务颇感厌烦,这是他与父亲产生摩擦的原因之一。

　　父亲不仅把渔猎本领传授给儿子,还要向儿子灌输清教徒的道德规范,这是海明威最反感的。尤其是自己成人之后,父亲仍像教小孩似的指指点点更使他难以忍受。海明威出任小拉尔夫的家庭教师才两个月,埃德就向海明威提出了传统的忠告,似乎根本没有意识到小拉尔夫已19岁,仅比儿子小一岁。这封信内容如下:

　　　　亲爱的孩子,常给我写信。如果小拉尔夫需要什么乐趣、玩耍,要尽力帮助他。现在他家里人都不在他身边,正是你把荣誉和自尊灌注于他的时候。深深地爱着你的父亲。

另外,海明威从欧洲回来后,埃德要儿子割去扁桃腺,这是海明威童年的旧伤。埃德请自己医学院的好友为儿子做手术,手术相当成功。但海明威抱怨不已,原因是动手术时没上麻药,让他受了不少罪。虽然手术不是父亲做的,他却把怨气发泄在父亲身上。

海明威在《十个印第安人》中描述了尼克的父亲如何谈论尼克的印第安女友们的不信教的表现,并以此取乐。在另一篇《父与子》中,尼克唯一排遣感情的办法就是终日沉溺于梦幻,玩弄其父给他的枪。当父亲责骂他时,他感到自己无能、生气和悔恨:"他打开门,立在柴草间内,他的枪装上了子弹,扣上了枪机,注视着那个坐在游廊里读报的父亲,他想,'我可以杀了他,把他送进地狱。'"而在《印第安营地》一书中,他描写其父在为一个女人做剖腹产手术时有着职业上的冷酷无情:"他父亲说:'我什么麻药也没有,她的喊叫不要紧,因为不要紧,我也就没听见。'"

由于海明威对父亲的敌对情绪,使埃德在家庭冲突中自然偏向格雷丝，而指责他的不是。

　　海明威和母亲的矛盾更是由来已久。格雷丝对自己的大儿子伤透了心，她的苦心不但不为儿子理解，反而处处碰壁。教儿子学音乐，儿子却拉断大提琴弦以示抗议，并不久就放弃了学琴；她想把儿子培养成斯文知礼的绅士，儿子却迷上了拳击，并经常弄得遍体鳞伤；她一直为儿子的婚事操心，不断把温柔淑娴的女孩子介绍给儿子，儿子却突然与女演员订婚……

　　退伍归来，格雷丝旧话重提，让儿子读名牌大学，海明威仍不去。他根本静不下心来读书，在他有过如此广泛的经历后，正统教育对他来说已属多余。后来旅居巴黎时，他发现他所有文学界的朋友都上过大学，在虚荣心的驱使下，他编造了一则故事：他本来想上大学，但在1919年夏，他母亲自私地把钱都花在修建格雷丝别墅上，没有钱供他上学。事实却大谬不然。他反对母亲建别墅，惹母亲很气恼倒是事实，但格雷丝根本没挪用子女的教育经费去建音乐别墅，以她的为人和望子成龙的心情也不可能发生这样的事。玛塞琳进入了奥柏林学院，厄休拉进了卡尔顿学院，卡罗尔也进了罗林斯学院，这些都是明摆着的事实。

1920年时，格雷丝已48岁，身负重担，脾气显得比以往暴躁。每日陪母亲吃早饭是海明威最头痛的事，因为这个时候母亲脑筋灵活，心情愉快，老爱指点他应该如何如何，像教训一个不懂事的小孩似的。下午吃茶点和吃晚饭时，通常有她几个朋友在座，这时海明威就可以走了。但吃早饭时，却总是一连串的训诫、规劝、质问以及满腹怨气：你应该找个工作；你不能再这样懒散下去了；作家是个危险的职业……

海明威的一个朋友认为尽管海明威企图在感情和经济上获得独立，但很难违抗他母亲的强烈意识和愿望：

> 她是一个很厉害的女人，凡是她认为要做的就一定要办到。我想，当年她一定要海明威学音乐，海明威就不敢不依……有些事他不愿干，但他母亲有本事逼他这样做。

海明威过21岁生日时，好友布伦伯克赶来祝贺。这时除埃德留守橡树园家中外，其余家庭成员都在沃伦湖别墅。海明威想摆脱这种拘谨的家庭生活，在生日宴会上，他向母亲请求，允许他到一条从旧金山开往横滨的轮船上当司炉。布伦伯克也在一旁帮腔，说得天花乱坠，说这次旅行会给海明威提供不可估量的好素材。但是不管他们怎么说，格雷丝就是反对，她要海明威上大学，结果宴会不欢而散。

种种矛盾交织在一起，冲突好比一个炸药桶，只需一根引爆的火线。几天后，一件小事触发了积蓄已久的矛盾。那天深夜，海明威的两个妹妹和几个女孩子要在外边举行一次午夜郊宴，她们要海明威和布伦伯克陪她们去，做护花使者，保护她们的安全。但女孩子们的外出计划没有得到父母们的允许。他们走后不久，一个女孩的母亲跑到海明威家大闹，骂男孩子们勾引女孩，格雷丝被这件事气得发昏。凌晨三点，海明威一行人方回来，迎头遭到母亲的痛斥。海明威的二妹森莉说："当时吵得一团糟，我们本来是清清白白的郊宴，被说成下流的放荡，厄尼和布伦伯克则因年纪大一些，应该更懂规矩，被骂得狗血淋头。"

海明威本是出去陪伴、保护女孩们，但根本不容他分说，格雷丝斥责了他18个月来所犯的种种"罪过"：不敬、懒惰、享受、寄生、嬉戏、自私、腐化、反对宗教，等等，认为他的前途必然是堕入地狱，因而必须把他拯救出来。她声色俱厉地教训海明威一顿，然后把他赶出家门，说："除非你改邪归正，不再游手好闲、依赖别人、挥霍钱财、追求享受；不再油头粉面、勾引和玩弄无知少女；不再忘记对上帝和你的救世主应尽的职责，否则，只有彻底堕落这一条路……只有你学好了，不再给妈丢脸了，才能再进家门。"

海明威的父亲埃德虽然留在家里，却随时担心着在密执安的一家要发生矛盾。他完全支持格雷丝，要海明威先离开他们在沃伦湖畔夏季别墅的家，等到以后他们请他回来时再说。他说，除非海明威找到工作，变得更懂事，否则"伟大的造物主还要让他遭受更大的罪"。

海明威的父母一直认为儿子是他们家的一个耻辱——他没有上过大学；战争结束后又没有找到工作；在他们这个绝对禁酒的家庭里公开喝酒；后来又写出内容猥亵的书，改变自己的宗教信仰，皈依天主教——按橡树园清教徒的观点，天主教是那些移民者、仆人和醉鬼们的宗教。

海明威有胆量面对战场上的枪林弹雨，却没有勇气应付母亲的责难。他尊敬父母，却因与他们的思想格格不入而痛苦。他曾把母子在战后的矛盾写进《士兵之家》中，从书名上就可以知道他写的家不是个人的避难所。在《士兵之家》中，那位母亲和儿子发生冲突，但并不了解儿子，她强迫儿子去做的工作是他不愿意的。她用一些宗教意识的语言与他谈话，他不愿听。儿子因为对双亲缺乏感情基础，当母亲想用亲情打动他，逼他就范时，他目无尊长的言行刺伤了做母亲的心，她哭，诉说在他孩提时对他的母爱，要他祈祷。这些儿子不愿听，更不用说做了。这也正是海明威与母亲冲突的再现。

海明威1920年5月离开多伦多后一直没有工作。和母亲争吵后，他回到芝加哥，但没有回橡树园。这是海明威生活相当困窘的时期。他穷困潦倒，和几个志同道合且处境相同的朋友一起寄居在供膳宿舍或经济公寓中。有了一点钱，就去低档饭店大吃一顿，没有钱时只好饿一顿，几星期过去了，几个月过去了，日子一天比一天难过。

尽管生活如此艰难，海明威对写作的热情依然不减。他整日坐在打字机前打稿，废纸篓里塞满了揉皱的稿纸。《多伦多明星周刊》继续发表他的特写文章，《芝加哥论坛报》也刊登了他的几篇文章，至于他真正喜欢的小说，却总是附了正式退稿信被退回来。最缺钱花的时候，他当上了《芝加哥论坛报》犯罪案件记者，这是一个无聊差事，描写对象无非是因穷困跳楼自杀的母亲、酗酒驾车造

成的事故以及密执安湖上身份不明的浮尸，等等。

1920年12月，海明威根据《芝加哥论坛报》的一则征聘广告，受聘于一份商业月刊《全国互助合作》，担任助理编辑，周薪40美元，不久升为50美元。他的任务就是为刊物写一些富有人情味的小说和社论。这家杂志的老板却是一个高智商的骗子，这个有政治野心的广告商巧设骗局，操纵一些公司，骗去了不少钱。该组织垮台时负债1500万元，而资本还不足5万。海明威不过是一个年轻的作家，每周挣50美元的微薄工资，对这些罪恶勾当完全不负责任。但他又一次失业了，此时他已与父母和好如初。1921年6月他回密执安消夏。

1920年11月初，海明威和哈德莉·里查森相识。当时海明威正住在芝加哥东大街表兄肯利·史密斯的那套房子里，而哈德莉是肯利的姐姐凯蒂的同班同学和好友。哈德莉比海明威年长8岁，她美丽修长，金发高颧，风度迷人，也颇具才气，为人稳重安详。海明威一见倾心，他说："这正是我心中要娶的姑娘。"

和海明威一样，哈德莉也出身于中西部的中上等家庭，她的童年却相当不幸。

哈德莉家在圣路易斯州，父亲是一个商人，经营家庭制药企业。他有6个子女,哈德莉是最小的一个。小时候,哈德莉从窗上摔下来,背部受重伤,一直作为病人被抚养长大,她29岁前的生活完全是母亲一手安排的。假如没有海明威,哈德莉很可能当一辈子老处女。哈德莉12岁时,她父亲因生意失败而自杀。18岁时哈德莉随母亲旅欧,她母亲对神学和各种心灵现象感兴趣,为哈德莉选购衣物时却总是从实用观点出发,讲究经济实惠,至于款式是否新颖倒不在考虑中。

哈德莉爱好音乐,是很有才华的钢琴手,曾在圣路易斯开过音乐会,后来因体弱多病而放弃了她的音乐生涯。这些与海明威母亲的经历很相似。哈德莉认识海明威前有过一段短暂的浪漫史,她爱上了自己的音乐老师,但不久就被抛弃,如同海明威被阿格尼丝抛弃一样。1920年秋,哈德莉的母亲患病去世,给她留下一笔每年可收入3000美元的遗产。母亲去世后,无依无靠的哈德莉必须独自养病,独立生活。芝加哥是美国音乐城之一,她想在芝加哥做一番事业,故来此小住,因而与海明威相识。

哈德莉对海明威也是一见钟情,为他活跃的激情所倾倒。尤能打动她芳心的是:海明威仪表堂堂、熟谙拳击和钓鱼、致力于写作事业还有他在战争中的英勇业绩。他们

出身于中等家庭，对艺术都怀有浓厚兴趣。虽然海明威在日常生活中对她照顾不周，但哈德莉仍感到他比别人更温存慰藉，更体贴人。

海明威从不把哈德莉当病人看待，他把她从一直在别人保护下过生活的状态中拉出来，恢复她的自信心，让她投身到户外运动中去。说她是一个喜欢滑冰、能干家务的妻子，赞美她是一个好运动员，扭伤了脚还坚持看足球赛。当他们和钦克徒步旅行，艰难地越过圣伯纳德山口时，哈德莉能坚强地忍受各种痛苦，与从前弱不禁风的大家闺秀相比，简直判若两人。婚后三年，海明威仍对这位丰满的妻子赞不绝口，他告诉自己的表弟比尔·史密斯，说她钓起鱼来像男人一样，兴趣浓厚，绝不是装模作样。她懂得拳击如同懂得音乐一样，她的酒量也不小。

海明威和哈德莉相处时并非完全和谐，有时也发生一点矛盾。一天，他们在肯利的公寓里听《天方夜谭组曲》时，海明威伸手把哈德莉拉过来，和他一起威严地并坐在沙发上，宣称他俩是王子与王妃。哈德莉为他幼稚的举动困窘得几欲落泪，也对他如此追求自我满足的孩子气感到吃惊。海明威和哈德莉6月21日在圣路易斯举行订婚仪式，在为亲友介绍恋人情况时由于过分强调海明威在战争中几乎丧生，哈德莉无意中走嘴，竟说海明威是"在意大利被打死的第一个美国人"。这使海明威很不快。

海明威和哈德莉恋爱主要是靠通信，因为海明威住在芝加哥，而哈德莉则在圣路易斯。在他们相恋的10个月中，两人在一起的时间只不过6个星期，这种分离的考验倒加深了他们的感情。海明威把女友引荐给家人，母亲对哈德莉很满意，因而积极地为他们结婚筹备一切。虽然他们年龄差距不小，但参加过战争的海明威成熟较早。他阅历丰富，又比较讲究仪表，注意衣着，因此别人也不太容易发觉他们年龄的差距。他们的结婚照也证实了这一点。

1921年9月3日，海明威和哈德莉在密执安州的霍顿湾举行婚礼。婚礼没有按传统习惯在圣路易斯举行，因为哈德莉双亲均已作古，如果在圣路易斯举行婚礼有可能被哈德莉那位好管闲事的姐姐一手操纵，这可不是海明威和哈德莉所希望的。尽管婚礼在霍顿湾举行，哈德莉的姐姐仍大挑毛病，几乎使婚礼进行不下去。虽然哈德莉是圣公会教徒，而海明威名义上属公理会教派，他们的婚礼却是在卫理公会教堂里举行的。

进入教堂前的一切准备工作使海明威不由自主地想起

他参加拳击和足球赛前的更衣室,他进而滑稽地想,如果他被判处绞刑,在行刑前的感觉是否也是这样。海明威的父亲和亲戚朋友都一直在婚礼中帮忙。他表弟担任男傧相。比尔·霍恩、凯蒂·史密斯、康纳布尔夫妇携同儿子参加了婚礼。

新婚夫妻在海明威家的别墅度过了为期两周的蜜月。哈德莉说它是一个恐怖的蜜月,他们一到别墅就病倒了,先是严重食物中毒,后来又患流感。那段婚后生活正如海明威在《永别了,武器》中所描述的:"真如在漫长的黑暗中划船过湖。"

海明威结婚时没有工作。早在他为《全国互助合作》杂志工作时,《多伦多明星日报》主编约翰·博恩有意聘请他。海明威找好友克拉克商量,克拉克就是那个《多伦多明星日报》的特写版编辑。克拉克给他出主意,说他现在的工资是周薪75元(实际是50元),可以提出要90元,海明威提出要85元,也未谈妥。结婚后,海明威给博恩写信,告诉他自己打算到欧洲长住。这样他们达成协议,海明威作为《多伦多明星日报》常驻欧洲记者,在欧洲期间,所写文章按篇付酬;外出旅行搞特写报道时,周薪75元,费用实报实销。海明威兑换了一些意大利里拉,准备到意大利去，后来听从了舍伍德·安德森的忠告，决定到巴黎去。

舍伍德·安德森是美国著名作家，生于1876年，死于1941年。他对海明威影响很大，是海明威初涉文坛的引路人。海明威的第一本书《在我们的年代里》就是由于他的帮助得以出版发行的。海明威是通过表兄肯利认识安德森的，当时他刚从巴黎回来，他在那呆了6个月。当时巴黎是先锋派文学的中心，法文作家和英文作家均萃集巴黎，安德森相信海明威在那里能更好地吸取各家之长，从而形成自己的风格，在文坛上占有一席之地。他说："通货膨胀虽难控制，但是只要有几块美元，夫妻俩便能过王族一样的日子。花不了几个钱，一个作家所需要的舒适和环境就都有了。"海明威夫妇动身前，他还为海明威写了几封友好的介绍信给巴黎一些知名人士，如庞德、斯泰因、西尔维亚·比奇和刘易斯·加兰蒂尔等，信中说："海明威是一个有卓越才华的年轻人，我相信他总有一天会崭露头角的。他曾经是一个颇负盛名的新闻记者。"

哈德莉的叔父阿瑟10月去世，她又意外地获得了一笔8000美元的遗产，再加上她原来所得父母的遗产，这笔钱足以使海明威夫妇这趟欧洲之行衣食无忧。

海明威踌躇满志地准备动身，旅居巴黎是他人生中重要的一个转折点。和哈德莉的结合，使海明威不仅获得一个美丽女人的爱情、一笔可观的收入，还有在欧洲度过的愉快的日子。

作家生活

假如

你有幸在巴黎度过青年时代

那么

此后的生涯中，无论何时何地

巴黎都会在你心中

因为

巴黎是一个流动的宴会

欧内斯特·海明威

赠友人　1950年

巴黎，这座塞纳河上具有神奇色彩的名都，数百年来，就是作家、诗人和艺术家的荟萃之地。20世纪20年代初期，巴黎不仅是文化艺术中心，而且物价也相当便宜，为文学创作提供了良好的气氛，是文人向往的理想生活地和工作地。当时，许多著名英文作家和法文作家都定居巴黎，这里还有数以百计刊登新兴作家作品的小型杂

志。

　　从 1921 年 12 月到 1928 年 3 月，这六七年中海明威在巴黎居住的时间大约占了一半，离开巴黎的时间也是一半。1921 年以《多伦多明星日报》驻欧记者身份到达巴黎时，他还是一个新婚燕尔的青年；等离开时年近而立，且与结发妻子离婚。在巴黎，海明威学习创作，广交文友，练习拳击，欣赏名画，外出旅行，过着清苦而又充实的生活。巴黎则为他提供了用武之地，艺术上的熏陶，文学上的砥砺，为他成名、成功铺平了道路。

　　巴黎是海明威笔墨生涯的起始点。驻欧记者的工作使他得以广泛接触社会各阶层，锻炼了他对生活的观察力，为他提供了丰富的生活素材。巴黎还铭记着他与当时许多著名作家的友谊。通过舍伍德·安德森的介绍，海明威初到巴黎就认识了在巴黎文学界颇有影响的斯泰因，又先后结识了庞德、刘易斯、福特等人，他们讨论文学和自己的作品，在创作上也相互影响。这些在他的晚年回忆录《流动的宴会》中都作了详细刻画。

　　1921 年 12 月 5 日，海明威携同新婚妻子从纽约乘船前往法国。轮船在西班牙的维哥港作了短暂停留。停留期间，海明威写了一篇有关在西班牙钓金枪鱼的文章。在船上，粗通法语的哈德莉教他口语，海明威法语表达能力差劲得很，哈德莉评价说："海明威法语实在不怎么样，怎么也讲不好。但他居然能凑合着说下去，也能听懂别人说。"海明威在语言学习上很下了一番工夫，后来他的法文、西班牙文和意大利文虽不大准确，却通顺流畅，他对最感兴趣的诸如运动、斗牛以及战争等方面的专门词汇运用自如。

1921年12月22日，海明威夫妇到达巴黎。他们正好赶上了在欧洲的第一个圣诞节。把行李安顿在宾馆里后，夫妻俩就去吃了一顿丰盛的圣诞节午餐。美中不足的是海明威低估了饭钱，算账时才发现口袋里的钱不够，哈德莉只好尴尬地坐在座位上，等着海明威回房间取钱来付款。

1922年1月9日，海明威夫妇从宾馆搬到勒穆瓦纳红衣主教街一幢相当简陋的公寓里。勒穆瓦纳是巴黎醉汉和贫民集中的地区，十分阴暗沉闷。海明威夫妇住的是一个有两个房间的大套间，浴室是一间凹进去的小房间，里面有一个盛污水或小便的大桶。海明威说这套公寓对那些习惯于密执安那种使用户外厕所的人来说会感到够舒适的了。而哈德莉出身富裕家庭，认为居住条件太过简陋。但她性格柔顺，凡事都依从海明威，从不口出怨言。

初到巴黎的海明威人地两生。他一方面希望手中那点钱能多维持一段时间，另一方面则陶醉于放荡不羁的生活。他告诉多斯·帕索斯："我们一个月花销250法郎(合18美元)，住在巴黎最古老地区一座高山顶上，这是一个很优美的地方，下面有一座青春舞厅，你可以听到为舞会伴奏的手风琴声，但一点也不干扰你。"他给在芝加哥的表兄妹写信，说他们生活得很豪华，有客厅和更衣室，还有一个女佣为他们服务。夸张得可以。

这个狭窄且喧闹的公寓对海明威的创作干扰极大。为此，1922年初他在一个旅店租了一个小房间用于创作，但更多的时间是在咖啡馆度过的。一个笔记本、一支铅笔、几杯朗姆酒和一盘葡萄牙牡蛎便可以过一天。海明威常去的咖啡馆叫丁香园，他每天一大清早就去那里，简直算是他的根据地。海明威那时有点迷信，写作时经常在右衣袋里放进一根七叶树枝和一条兔子腿，据说这样能交好运。海明威白天集中精力从事创作，对其他一切漫不经心，创作顺利时通宵达旦地写，如果一天预定的工作没有完成，他就不去娱乐活动，如果一天也没写出东西或写得不好，他会感到痛苦，脾气也暴躁起来。海明威最讨厌的事莫过于写作时有人去打扰他，如果有人这样做了，他可能翻脸不认人，为此得罪了不少朋友。远在他的作品被人们认可之前，海明威就对自己在文学界的前景充满信心。在《午后之死》中他宣称："最伟大的事莫过于持续下去并完成你的事业。"

海明威喜欢给人一种错误印象，即成名前他一贫如洗，其实不然。旅居巴黎时海明威年收入3000美元，这在欧洲是一笔很大的收入。即便每日花5美元维持两人舒适的生活和旅行，还能省下1200美元。他们住的地方很便宜，但吃得很好。在通货膨胀十分严重的德国旅游时，海明威夫妇在设备齐全的旅馆住了4天，包括伙食费在内，每天只花80美分。在巴黎，14法郎兑换1美元，他们住的旅馆是1美元一天，较丰盛的正餐只需50美分，每周还到一家昂贵的米肖餐馆去吃一顿，在那里可以看到爱尔兰作家乔伊斯一家在附近桌上就餐。海明威还把钱花在自行车赛和赛马的赌注上，以及到瑞士和奥地利滑雪，到西班牙看斗牛和漫游意大利北部。1925年他花250元买了米罗的画《农场》，作为生日礼物送给哈德莉。

海明威在体育和娱乐上一向大方，但对哈德莉的衣着消费却很吝啬。他一直没为哈德莉添置新衣，并荒谬地说："不买任何新衣服，你就能省下钱来享受了。"哈德莉性格温顺柔和，在许多事上都迁就海明威，再说她母亲为她选购衣服时多以便宜为标准，所以她对此保持沉默。但她的朋友却看不惯海明威不近人情的做法，对他叫嚷道："哈德莉这样逆来顺受也太蠢了，她的衣服破旧得无法上街，何况还是她自己的钱。"海明威一直认为他母亲控制着他父亲，因此决心主宰自己的婚姻，一开始就对妻子很严厉。他的文友斯科特·菲茨杰拉德一次笑着对哈德莉说："我注意到在海明威家里，你的一举一动都得听海明威的。"也许海明威并不喜欢这样做，但菲茨杰拉德的话却是事实。

　　海明威早餐时常常全神贯注地思考写作问题而缄默不言，用过饭后就去租来的小房间或咖啡馆写作，经常撇下妻子一人孤单地呆在公寓里。哈德莉有时觉得只关注自己工作的海明威很难相处，对沉闷孤寂的公寓也日益厌烦。但总的来说，她喜欢这种新生活，也很快活。她的法文有所进步，学会了烹饪，还周游了欧洲。

　　1922年1月，他们刚一定居下来，就购置了滑雪装备，和钦克一起到瑞士滑雪，他们在阿尔卑斯山蒙特勒西北5英里的谦比度假两周。5月，他们在谦比再度与钦克相逢，尽管没有足够好的长筒靴，他们还是通过茫茫的雪地，穿过圣伯纳德山口，进入意大利。这次旅行不尽如人意，海明威高山反应严重，哈德莉忧心忡忡地扶他上山，而钦克则成了专职脚夫，身上背着三个包。

1922年12月中旬，哈德莉从巴黎赶往洛桑，打算和正在采访洛桑会议的海明威去作另一次滑雪休假。她随身携带一个手提箱，里面是海明威尚未发表的全部手稿、打字稿和复印本，包括他1919年在佩托斯基搜集的素材，一些"有关堪萨斯城的优美故事"和他的最新作品。当车在里昂停留时，箱子被盗，尽管事后多方查寻，手稿如石沉大海。

1924年12月6日海明威在给比尔·史密斯的信中叙述了此事。他说，哈德莉把装满手稿的手提箱放在她的车厢内，然后离开车厢去看她的衣箱是否装上车，当她返回时发现手提箱不见了，她好几天不敢把这事告诉他。当哈德莉说明真相时，他感到非常难受。

这件事使海明威受到极大的震动和伤害。手稿的丢失不仅使他多年的心血化为乌有，还给予他可怕的心理影响，以致海明威一度认为自己不可能再从事创作了。玛塞琳也证实说："他是彻底的病倒了，这件事几乎置他于死地。"

哈德莉对丈夫的作家生活了解甚少,漫不经心地携带文稿,而不是把它安置在安全的地方,从而使丈夫感情与思维的成果丢失。这种打击对他们的姻缘无疑是一种灾难,给夫妻关系蒙上一层阴影。深感内疚的哈德莉理解了海明威当时的悲痛心情:

> 欧内斯特是那样深情地把自己融化在他的作品中,我认为他一直没有从这个无法挽回损失的痛苦中恢复过来。

青年时代的海明威举止文雅,富有魅力,保持着美国中西部人那种活泼、明快、热情的作风。他在巴黎广交朋友,在头一年内就结识了许多在文学界有地位、有影响的朋友。说来也有趣,懂得法语的海明威虽然认识毕加索、米罗、帕散等艺术家,但他最亲近的朋友不是美国人就是英国人。

海明威在巴黎结识且对他影响颇大的朋友有埃兹拉·庞德、格特鲁德·斯泰因、西尔维亚·比奇、詹姆斯·乔伊斯、温德姆·刘易斯、福特马多克斯·福特等。这些朋友和他一起饮酒、旅游,激励他,帮助他,教育他,为他画像，为他出版作品。

埃兹拉·庞德是美国诗人、批评家和翻译家，对20世纪美国诗歌的发展产生过重大影响。他的诗强调用字要精炼，不用废字，不用修饰。庞德16岁进大学，毕业后在华巴施大学任教，因行为不检点被辞退。他遂离美赴欧，先到伦敦、巴黎，后去意大利。二次大战中他为意大利作法西斯宣传，战后在美国受审，但因为精神失常而被送进医院。1958年他被取消叛国罪的控告，回意大利定居，1972年去世。

庞德比海明威年长14岁，1920年以来一直住在巴黎，与芝加哥、纽约、伦敦以及巴黎所有先锋派杂志都保持着良好的关系。他是乔伊斯、刘易斯、福特和艾略特的亲密朋友。庞德在香圣母院路的工作室与斯泰因的沙龙、西尔维亚的书店齐名，都是巴黎文人的聚集中心。1922年2月初，海明威从谦比滑雪回来，在西尔维亚·比奇的书店中偶遇庞德，两位作家相见恨晚。对诗歌、散文、拳击和斗牛等的技巧深感兴趣的海明威像小学生一样来找庞德，拜他为师，学习那种简练、精确的意象主义风格。

庞德当时已是一流的伟大作家，而海明威只是文坛上的一个无名小卒。他非常赏识海明威的才华，尽一切努力

帮他取得成功。他把海明威介绍给巴黎的著名艺术家,帮海明威出版早期作品,提高海明威在文坛上的知名度。庞德就像个非官方的文化部长,又像个新文学天才的助产士。

在海明威早期的《向埃兹拉致敬》、晚期的《流动的宴会》中,海明威大力赞扬了庞德的宽宏气魄、他的人品以及他的诗:

> 我们有庞德这样专心致力于诗歌的伟大诗人,他一生中五分之一的时间用来写诗,其他时间他尽力帮助朋友。当朋友遭到攻击时保护他们,在杂志上发表他们的作品,从监狱里把他们救出来。他向他们贷款,销售他们的绘画,为他们安排音乐会……
>
> 埃兹拉对别人可比我要仁慈多了,他的成功作品是那么完美无缺,对待自己的过失如此诚恳,对人如此友好善良。我常把他当作圣徒。他性情暴躁,许多圣徒可能也是这样。

海明威在《流动的宴会》中还说庞德"是我最偏爱,

也是最信赖的评论家，一个主张用词必须贴切，要我放弃依赖形容词的人"。他在给福特的信中坚持认为本世纪的任何诗人，如果没有受过庞德作品的影响，或没有从他的作品中学到很多东西，那么他们便是可怜虫。从这些话里可以看到庞德对海明威影响之大。

庞德坚持不懈地帮助海明威出版他早期作品。《在我们的时代里》前六章刊登在庞德主编的《小评论》上，海明威的《新托马斯诗歌》登载在庞德的《流放》杂志上，他的早期诗歌发表在庞德的《人物简介》和《当代诗选》上。

庞德和乔伊斯是海明威仅有的没有吵过架的两个文学界的朋友。庞德侨居意大利前，海明威一直是他的学生和朋友。海明威对他的诗章击节赞赏，他的善良和才华更是海明威称道不已的话题。1934年海明威在巴黎最后一次见到庞德，当时乔伊斯相信庞德已经疯了，很害怕，他要海明威陪庞德一起来吃饭，吃饭时庞德举止失常。海明威在文学界的声誉和威望很快超过庞德，但当老友在精神病医院遭难的那段日子里，海明威仍很真诚地对待他，并与艾略特等人一道想办法，终于使庞德在1958年获释。在庞德获释前两年，海明威给他送去1000美元的支票，庞德非常

感激。庞德在去世前说:"海明威没有令我失望……在他得意时,我从未见他只为自己打算。"

斯泰因是海明威另一个较有影响的朋友,两个人的友谊并没有像海明威与庞德一样持久,他们的友谊以相互感恩开始,却以相互攻讦了结。

格特鲁德·斯泰因是美国女作家,长期侨居巴黎。她是文学改革的试验者,为了准确描写真实,她一反华丽和雕琢的修辞手法,模仿儿童简朴、单调、重复和不连贯的语言,注重文学的声音和节奏,创造出一种稚拙的文体。她热心提倡和支持先锋派艺术,20世纪20年代有许多新起的诗人、小说家、画家、音乐家出入于她的文艺沙龙。当时,斯泰因女士"玫瑰花永远是玫瑰花"的声誉名噪巴黎。这些后起之秀簇拥在斯泰因周围,是她提出了"迷惘的一代"这个词语。

海明威去法国前,舍伍德·安德森给斯泰因写了一封热情洋溢的信,信中说这位年轻的作家会告诉她有关美国文学的当前趋势:"海明威先生是一个美国作家,他本能地会去接触那些发生在当地的所有有价值的事物。我知道,能认识海明威先生和太太,你会感到是件愉快的事。"

1922年3月,海明威夫妇造访了斯泰因那套舒适的公寓，室内挂满了立体派艺术家的绘画。斯泰因体重200磅，长得不美，很有钱，爱好写诗，盛气凌人。她给海明威的第一印象不错，海明威认为她很有魅力，他把这个犹太妇女作家当做意大利农妇而格外关注。

他们的友谊发展很快。海明威喜欢她的藏画、她的原汁白兰地、她做的糕饼，也喜欢与她交谈。当海明威的长子邦比出生后，他要求斯泰因担任孩子的教母。斯泰因也喜欢海明威，把他当做有前途的孩子看待，督促他辞去记者工作，因为那将吸干他的创作精力。海明威感激她的忠告，并尽可能快地这样办了。她兴致勃勃地谈论斗牛，称赞那些斗牛勇士，鼓励海明威到西班牙去访问。最重要的是她教海明威在散文中运用韵律和叠用词汇，当她不满意他的早期作品时会命令他："重来，思想集中一些。"

斯泰因1909年以来只出版过3本书，她的作品有很大的缺陷，知识的局限性和写作技巧的自我拆台使她陷入停滞不前的境地。她的主要作品《美国人的形成》写成后就锁在抽屉内，后来海明威担任《泛大西洋评论》的助理编辑时，趁主编福特不在，把这篇长得惊人的小说在《泛大西洋评论》上连载发表。由于只有一本装订好的手稿，海明威便承担了抄写员的任务，他可能是唯一读完这本极为

乏味的书的人。

1925年两人决裂,他们的争吵既有艺术上的原因,也有个人之间的原因。艺术上的原因是斯泰因的更多作品发表后,文体上的缺陷和知识的局限性更加明显,因而遭到评论家的抨击,温德姆·刘易斯明确表示"格特鲁德必须离开英国文坛"。当时海明威的写作风格已日益成熟,难以忍受那些批评家贬低他,说他是仰人鼻息的门徒。至于个人的原因,则应归咎于海明威反复无常的性格。哈德莉回忆说:

> 他的性格和热情使他能在逆境中坚持不懈地进行他的工作。一旦他讨厌某个人,你无法使他和那个人重归于好;如果他反对一个人,情况也是如此,没有什么道理好讲。他最后几乎同我们认识的每一个人、他所有的老朋友闹翻了脸。

斯泰因是个同性恋者,长期和她的秘书一起居住,而海明威对此相当反感。

海明威在《春潮》一书中,模仿安德森的笔调写了一章《美国人的形成和毁灭》,其中有这么一段话:"格特鲁德……哎，这里有一个女人，她在文学上的试验将把她引向何方？"斯泰因对此大为恼火。海明威继续火上浇油，他在诗歌《一个女士的肖像》中讥讽斯泰因不愿做校订工作，诗中写道："格特鲁德从来不笨，格特鲁德·斯泰因非常懒散。"他还在《太阳照样升起》一书中引用《传道书》中一句满怀希望的铭文来反驳斯泰因对"迷惘一代"的警言，在《我与格特鲁德·斯泰因破裂的真相》中富有幽默的描述，成了1927年《纽约人》杂志的新闻。传说海明威曾给斯泰因发过一份"一条母狗是一条母狗是一条母狗"的传奇式电报，但海明威在给庞德的信中对此矢口否认，并说他只不过对人家说海明威是安德森和斯泰因的模仿者这点感到不满，反驳了关于他是派生作家的指责。海明威说斯泰因的确给过他许多忠告，但也有许多是胡说八道。他本人很喜爱斯泰因，对她也很忠诚。当福特拒绝发表她的作品时，是他把她的作品在《泛大西洋评论》上连载的。

海明威这种俏皮的嘲弄自然遭到斯泰因最猛烈的还击。在两人交恶之后去斯泰因文艺沙龙的人们常看到这种怪事，斯泰因常常命令自己的爱犬———只白色卷毛狗："去，装扮成海明威，要表演得凶狠一些。"

斯泰因还研究海明威的致病弱点，针锋相对地去伤害他。1933年她写了一本《艾丽丝·B.托克拉斯自传》，在这本书中，她每次谴责都涉及事实的核心，给海明威的感情创伤很大。海明威常以自己的勇敢而自豪，斯泰因却责备他是胆小鬼；他相信自己已创造出独特的文风，她却贬低他为智力迟钝的门徒；他夸耀自己的运动技巧，她却说"海明威教某个小伙子拳击，小伙子不知如何去做，却能出人意料地将海明威击倒"；他认为自己具有持久力与忍耐力，她却说"海明威很容易感到疲劳，从他的住处到我们这里来一趟，常常是精疲力尽"；他自夸身体强壮，她却说他身体虚弱，每一次运动都要受伤；他认为自己阅历丰富，是一个世界主义者，她却把他说成是橡树园的一个地方主义者，并说他是"百分之九十的扶轮国际会员"。

斯泰因这种人身攻击使一个作家大为欢快，这个作家就是舍伍德·安德森。安德森在文学上对海明威影响较大，而且给过他不少帮助。只因有人贬低海明威是安德森的模仿者，海明威就在《春潮》一书中对安德森的作品大加嘲讽，这种做法简直是忘恩负义。安德森不会以牙还牙地加以报复，却很欣赏斯泰因对海明威的剖析，称赞她的切片技术："用你那双纤细的手握着手术刀，从海明威身上取下如此大的一块皮肤。"

斯泰因用强烈的母爱控制海明威，一旦失去了她的友谊，遭到她恶毒的攻击，给海明威造成的伤害是永远的。海明威在其从1926年到临终前的许多作品中不厌其烦地提及他们之间的争吵。

西尔维亚·比奇是一个美国女书商，在巴黎文学界居重要地位。她开了一个出售和出租英文书籍的书店。她于1922年出版了为其他出版商拒绝出版的《尤利西斯》，那是爱尔兰作家詹姆斯·乔伊斯的代表作。

对海明威一直很好的西尔维亚，把他介绍给乔伊斯，从此二人交同莫逆。乔伊斯读过海明威的手稿，对一个年轻的作家来说，这是少有的照顾。海明威研究乔伊斯的作品，并把他的写作技巧运用到自己的创作中去。在他的作品《在我们的时代里》、《士兵之家》、《印第安营地》以及《有的和没有的》中，或多或少地都受到乔伊斯的影响。

海明威的其他朋友有英国作家、画家、旋涡派抽象艺术创始人温姆德·刘易斯，《布鲁克林鹰报》编辑盖伊·希科克，美国小说家、20年代(爵士时代)的文学代言人斯科特·菲茨杰拉德等。

海明威的许多朋友都毕业于常春藤联盟学府。常春藤联盟学府是美国东北部一批著名大学的通称,他们在那里受过高等教育。如庞德毕业于宾夕法尼亚大学;斯泰因毕业于拉德克利夫学院;多斯·帕索斯是哈佛大学毕业生;比尔·霍恩是布里斯顿大学毕业生。海明威仅中学毕业,他是通过精读一些书来提高自己素质的。对海明威创作严肃小说影响最大的作家是托尔斯泰、福楼拜、莫泊桑、吉卜林、康拉德、乔伊斯、马克·吐温、詹姆斯、安德森、斯泰因、庞德、克莱恩以及艾略特。在这些作家中,有六个是他的朋友。

海明威到达巴黎后,一篇小说都没有发表,就在一些名作家中建立了声誉。他是以特写文章而不是以小说驰誉文坛的。在欧洲的前两年,经过艰苦的努力,海明威由新闻界转向文学界,身份也由记者变成自由职业作家。

海明威是《多伦多明星日报》驻欧记者,工作需要使他有机会到处旅行。在欧洲的头一年,他乘火车行程一万英里,对1922年4月的热那亚会议、当年10月的希土战争、11月的洛桑会议以及1923年4月到5月法国占领鲁尔作了详尽报道,这些都是在他频繁的旅行中完成的。他在新闻报道中反映了他的旅游历程。

海明威认为："要真实地反映你未曾亲眼目睹的东西是非常困难的。"他写了有关各种会议、战争和当时各国一些政治领袖的文章，还写了许多关于欧洲现实生活的社会评论性文章，如瑞士的名胜、法国的衣着、俄罗斯的流亡者、德国的通货膨胀等；后来海明威又写了一些他喜爱的体育活动的文章——钓鱼、滑雪，等等。海明威对记者工作非常内行，但又有点玩世不恭，经常把最好的材料秘而不宣，保存起来作为小说的素材。他的同事为此指责他，他满不在乎，除非新闻工作能为他提供急需的费用，并能使他与其他作家建立联系。

海明威第一次重要委派是参加热那亚经济会议，这是1919年凡尔赛和谈以来第一次国际会议。他这次战后意大利之行开头就不吉利，旅馆盥洗间的热水加热器爆炸，四处崩飞的金属碎片"几乎把海明威炸入地狱"。

热那亚会议给海明威一个判断战后领导人的机会。他没有报道战争赔偿与裁军的讨论情况，而是集中报道了当时有名气的政治家，深刻透彻地揭露他们根本的局限性。

热那亚会议还使海明威得以观察法西斯接管意大利前夕的骚乱。1922年6月，海明威和妻子回到意大利，旧地重游。他采访了墨索里尼，他说墨索里尼"是个有着棕色脸庞的男子汉，前额很高，难得一笑，有一双富于表现力的大手"。当别的政治家只看到墨索里尼的优点时，海明威在报道中却一再警告："墨索里尼不是傻瓜，他是一个了不起的组织家。"他引用了墨索里尼的论断："我们有足够力量推翻企图反对或消灭我们的任何政府。"

1922年11月墨索里尼夺取意大利政权后参加洛桑会议，海明威第二次访问了这位领袖。时隔5个月，海明威的洞察力更为尖锐，他看透了墨索里尼的伪装，称他是欧洲最大的骗子。他说："对一个穿黑衬衫、白鞋罩的人，我们犯了某种错误，甚至是历史性的错误。"海明威在洛桑会议后写了一首非常刻薄的诗，发表在1923年春季的《小评论》上：

墨索里尼有一对

眼白大　瞳孔小

酷似非洲人的眼睛

保镖时刻紧随身后

那个照片上正在看书的人

拿的却是一本倒着的书

墨索里尼与东条英机、希特勒并称二战三元凶，他的性格和法西斯本质现在世人皆知，但海明威在1922年就对他的本性观察得入木三分，的确是令人非常吃惊的事。在这位意大利领袖夺取政权后很长一段时间内，国内国外许多知名人士还对他大加吹捧，其中就有后来任英国首相的丘吉尔和英国文豪萧伯纳。

1922年10月，土耳其的解放者和独裁者凯末尔把希腊人逐出了小亚细亚。希腊军队在士麦那战败，撤离该城，进占的土耳其军队把士麦那变成屠宰场。海明威让哈德莉留在巴黎，自己赶去观察这场战争。虽然他到达时战争已接近尾声，他仍详细描绘了君士坦丁堡的政治形势和物质的贫乏。

针对希、土战争的灾祸，海明威为《多伦多明星日报》写了14篇文章，这是他以后成长为作家的非常关键的一步。他第一部小说集《在我们的时代里》就有三篇关于希、土战争的短文，而且都是上乘之作。海明威开始写作生涯时，就力求把小说建立在现实的基础上，从自己亲身阅历和感受中提炼出本质的东西来，从而使作品比记忆的东西更真实。《在我们的时代里》他有这样一段艺术理论：

如果一位散文家对他写的东西心中有数,那么他可以省略自己知道的东西。只要作者写得真实,读者就会强烈感受到作者省略的地方。冰山在海里移动是宏伟壮观的,因为它只有八分之一露出水面。

海明威在君士坦丁堡得了疟疾,10月18日即在他写的有关难民问题的文章在多伦多发表的前两天,海明威离开色雷斯,精疲力竭地回到巴黎,他病倒了,身上长满虱子,不得不剃了个光头。他在巴黎休养了一个月,于11月22日赶到洛桑,当时洛桑会议已召开两天,这次会议是批准承认土耳其的胜利成果,主要成就是重新确定土耳其边界、分配奥托曼公债、交换人质、希腊的战争赔偿。参加洛桑会议的代表来自英国、法国、意大利、希腊和土耳其。海明威在会议尚未有任何结果前就不再参加那些记者招待会了,他集中精力采访各国领导人,在他的文章里描述了墨索里尼、英国外相寇松、苏联外交部长契切林、土耳其将军伊斯梅尔·帕夏。洛桑会议一结束,海明威就写了一首诗,题为《他们都在谈和平——什么样的和平?》,对国际外交界的道德败坏进行讽刺:

寇松爵士爱孩子

契切林爱孩子

穆斯塔法·凯末尔

也爱孩子

1922 年至 1923 年，海明威直接与政治家交往，并参与了一些历史事件，使他的政治思想更加成熟。作为《多伦多明星日报》的驻欧记者，他对被流放的俄国人深表同情，还同情被压迫的希腊人、惨遭蹂躏的德国人和生活在法西斯机枪下的意大利人。在《我们的时代里》一书中，海明威对战争和动乱的受害者充满同情，而对国王、将军和外交家却含沙射影，加以谴责。

驻欧记者这段经历，对海明威形成与众不同的风格有一定影响，但不是全部原因。海明威的技巧、基调和主题很大程度上得力于他早期阅读的鲁迪亚德·吉卜林的著作。

吉卜林是一位生于印度的英国作家，1907 年获诺贝尔文学奖。海明威在少年时期就特别喜欢阅读吉卜林的作品。他有吉卜林的 22 本著作，一生始终坚持阅读这些作品，尤其喜欢吉卜林那些能打动读者的标题。在吉卜林的小说中，他最欣赏的是《对神父无益》和《兽的痕迹》。当一位青年作家问海明威该读什么书时，他在《对音乐大师的独白》中提到要读"所有吉卜林的好书"。海明威还坚持让自己的孩子也阅读。他的儿子帕特里克证实："爸爸喜欢吉卜林，他经常引用'与国王一起散步——但不要丢掉与普通群众的接触'这句话。"

海明威一生都钦佩吉卜林，即使在 30 年代，海明威仍尊敬和赞扬吉卜林。当时吉卜林在文学界已经失宠，攻击他在政治上的一窍不通是一种时髦，许多评论家都对这位老作家大肆诋毁。海明威在《非洲的青山》里说：写一篇伟大的散文，要达到第四度、第五度空间的境界，"就必须具有天才，有非凡的天才，有像吉卜林那样的天才"。

许多评论家都敏锐地发现，海明威和吉卜林在个人经历上惊人的相似，他们进而把这些和两人在文艺上的共同性联系起来。

两人早年都受过创伤，都很早就离开学校，都保持着青少年的特点，没有沦为深谙世故的市侩；两位作家在青少年时期都是新闻记者，后来又都成为有名的战地记者；两人都因视力问题未能入伍；都因自己亲人的惨死而长期处于悲痛之中；两人都酷爱旅行，经常横跨海洋。

海明威和吉卜林都是文风严谨的作家，把毕生奉献给自己热爱的事业；两人都富于创造力，是善于捕捉和表达时代精神的知名人物；两人都是从新闻写作入手，然后写短篇小说，最后创作长篇小说的；两人分别在《勇敢的船长们》和《老人与海》中写过向海洋挑战的事。甚至吉卜林和海明威的最后著作都相同，均是在两人死后出版的自传：《谈谈我自己》和《流动的宴会》。

海明威从吉卜林那里学习写作方法和技巧，两个人的艺术理论相当接近，从下面两组理论对比可以肯定海明威师承于吉卜林：

当你的守护神值班时，不要有意识地去考虑它。　　　　　　　　　　　　——吉卜林

我学会了在写作时不去想别的事情……等到第二天开始写的时候再说，这样你的潜意识始终在活动。　　　　　　　　　　——海明威

写作顺利时，把最后的草稿浏览一遍，要逐段、逐句、逐字认真琢磨，把要删节的地方涂掉，把它搁置在一旁，让墨水慢慢吸干，然后重读一遍，你会发现还可以删节一些。　——吉卜林

你可以删去小说中的任何情节，只要你心中有数，而且知道删节部分能增强小说的感染力，使人感到兴味无穷。　　——海明威

成名前后

1923年1月,哈德莉怀孕了。海明威原打算放弃新闻工作,从此专心写小说。做父亲的责任和负担迫使他不能不多挣钱养家糊口。因为哈德莉认为多伦多的医疗条件较好,海明威于同年8月携家重返多伦多,并在《多伦多明星日报》任职,周薪125美元。1923年10月10日,海明威长子在多伦多出生,海明威给儿子取名为约翰·哈德莉·尼卡诺尔,但人们习惯叫他邦比。

重回多伦多的海明威已是颇有名气的记者,但现在受聘于《多伦多明星日报》反而受到不公平待遇。他的顶头上司、助理主编哈里·欣德马什是个有野心、冷酷无情的人,很妒忌别人的成功。他蓄意羞辱海明威,给他一个下马威,在头两个星期,海明威被打发去采访一些无足轻重的新闻,甚至写的文章不能署名。他还被派到远方去执行报道任务,以致妻子分娩时海明威无法如期赶回。他的朋友、主编约翰·博恩对此爱莫能助,因为欣德马什虽是助理主编,但他的岳父却是《晨报》社长。海明威忍无可

忍，为了能自由地进行创作，他辞职携带家小重回巴黎。海明威在多伦多周薪125美元，在巴黎每周生活费用需50美元，哈德莉温顺地承受了这种经济上没有保障的生活。

1924年1月29日，海明威一家抵达巴黎，在香圣母院路一家很嘈杂的锯木厂楼上租了一个套间。他们住的公寓在一个堆满木材的大杂院内，简陋得令人难以置信，没有自来水，没有煤气，没有电灯，甚至没有床，哈德莉把一床褥垫铺在地板上当床。房间在二层，要经过摇摇晃晃的楼梯才能爬上去，环境相当龌龊，来访的朋友都感到震惊。

海明威没有钱，还要肩担一家的生活。尽管如此，他充分认识到了以获利为目的的危险性，所以他在金钱面前能丝毫不动心，仍保持他艺术的完整性。他告诉父亲说："对我来说，在平静安定中写作比陷入金钱陷阱重要得多，这个陷阱已经毁灭了许多美国作家。我要尽力去创作，一点也不考虑销路问题，也从不考虑它会给我带来什么，甚至也不想它能否发表。"和大多数作家一样，海明威发现写作是一个非常困难和殚精竭虑的过程，也是对作家能力的挑战，是纵然终身以求也难以达到尽善尽美的挑战。他还认为写作无法言传身授，只有长时间艰苦地探索实践才能学会。

海明威的公寓离庞德的工作室很近，海明威到法国后安顿好家小，就来到庞德的工作室，要庞德帮他找一份工作养家糊口。正巧，那天福特来找庞德，当时，海明威正以一幅中国肖像作假想对手在练习拳击。庞德把海明威介绍给福特，说："他是一个有经验的新闻工作者，他的诗写得很好，他是世界上最优秀的散文家。"福特不同意现在就称海明威为最优秀的散文家，庞德愤怒了，嚷道："你！你像所有的英国猪猡！"喜欢模仿英国职业军人风度的海明威，给福特的第一印象使他想起"英国女王陛下中部地区一个团的一位健壮而年轻的上尉"。

福特生于1873年，死于1939年，是英国作家、编辑、批评家。他18岁就出版了第一部长篇小说，后来和约瑟夫·康拉德合作写小说，创办了《英文周刊》，一次大战后移居巴黎。当时福特已是颇负盛名的老作家，在文学界朋友众多。他主编的《泛大西洋评论》在1924年1月创刊，庞德建议海明威协助福特，福特同意了，1924年5月带海明威到伦敦去见报社老板。

福特是文体上的创新者，他勇于探索写作技巧，把福楼拜式的某些技巧引进英国文学，这种技巧未被庞德和乔伊斯所采用。他还是一位杰出的编辑，是他第一次在《英文周刊》上发表 D.H.劳伦斯和温姆德·刘易斯的作品。福特还在《泛大西洋评论》上发表了海明威的一些早期短篇小说——《印第安营地》、《大夫和大夫的妻子》、《漫天风雪》等。并让海明威主编了 1924 年 8 月那期《美国》专刊，这一期刊登了海明威好几位朋友的作品。

福特经常写文章称赞海明威，甚至还把海明威的好消息告知海明威在橡树园的家人。当海明威的《在我们的时代里》普及本 1925 年初次出版时，福特在书的护封上写了赞语，大胆地声称："当今美国最优秀的、最严肃认真的、写作技巧最娴熟精湛的作家是欧内斯特·海明威。"海明威的《太阳照样升起》塑造了一个愚蠢的角色，这个角色是以福特为原型的，福特对此心知肚明，但满不在乎，一如既往地称赞海明威。他为《永别了，武器》写了序文，把海明威与康拉德和赫德森相提并论，称他是"我 50 多年来所读过的作品中 3 名无懈可击的英文散文作家之一"。

福特如此帮助海明威，海明威却对他一直怀有敌意，毫无感激之情。海明威抨击他势利，不修边幅，口臭，肥胖过度。这些都不是他与福特交恶的理由，他招致海明威反感的原因有两个，一个是福特总是到海明威工作的一个较偏僻的咖啡馆去打扰他。那个咖啡馆雅净而偏僻，海明威一向把它当作自己的根据地，坐在餐桌旁一写就是整整一个上午。回家来则在写字台旁一连写几个小时。他的目标是每天最少写一千字，有时哈德莉都弄不懂她和那架打字机对海明威哪个更重要。海明威最讨厌别人打扰他写作，对这样的人，他经常口出恶言。在《流动的宴会》中，海明威骂一个不识相的不速之客："你这个该死的王八蛋，不去干你的混账事，跑到这里干什么……听着，你这样的狗崽子有的是地方去，干嘛非来熏臭这家雅净的咖啡馆呢？"福特自以为海明威会为能得到一位前辈的忠告而感到欣慰，却没有意识到自己打扰了别人工作，更没想到海明威只是碍于他的威望未曾当面口出怒言。

另一个原因就是《泛大西洋评论》的停刊。海明威曾代福特编辑两期《泛大西洋评论》，福特离开巴黎到美国筹集资金后，海明威把斯泰因的《美国人的形成》打印出来送给排字工人，在《泛大西洋评论》上连载。福特自然非常生气，他原以为这只是一个中篇小说，后来才知道是一部不堪卒读的冗长无味的长篇，并将在该杂志上无限期地连载下去。这既不合福特的方针，也不合他的情趣，大

大偏离了他主编《泛大西洋评论》的方向。福特下决心把该杂志停刊,短命的《泛大西洋评论》只有一年的生命。

当时,发表海明威小说的报纸杂志寥寥无几,《泛大西洋评论》是这寥寥无几的报刊中最主要的一个。该杂志一停刊,这个渠道中断了。海明威对"福特非常恼火,也讨厌他的妄自尊大和破坏了《泛大西洋评论》为他提供发表作品的机会"。海明威认为福特把所有的时间都用在对富人溜须拍马上,然后又去侮辱那些不太富裕的人们,以表示他从未向别人低三下四过。

海明威回到巴黎后,继续与许多作家建立了友谊。这些作家有约翰·多斯·帕索斯、阿奇博尔德·麦克利什、欧内斯特·沃尔什、埃文·希普曼等。他已在写作上取得一些成就,海明威有信心成为一个艺术新秀。他已不再是庞德、斯泰因、乔伊斯等老一辈作家的追随者,而是对他们有威胁的同行了。尽管他们之间的友谊开端很好,但到了后来,海明威几乎和所有的朋友都争吵过。

海明威对文学界的朋友由过分热情变为报复,他忘恩负义的报复方式在他一生中多次发生。他在《春潮》中拙劣地模仿舍伍德·安德森;在《太阳照样升起》中讽刺性地描绘哈罗德·洛布;在《乞力马扎罗的雪》的第一个版本中谴责斯科特·菲茨杰拉德；在《有的和没有的》中让约翰·多斯·帕索斯受到公众的嘲笑；在《过河入林》中攻击斯泰因和福特。

在海明威和众多作家的恩怨交织中，他博取众家之长，逐渐创新文体风格。他的短篇小说自成一家，风格独具。它们既不是欧·亨利式的，也有别于莫泊桑和契诃夫的写法。海明威删去小说中一切可有可无的东西，达到最大限度的含蓄和简练。按照他的创作的"冰山"原则，他只露出八分之一，其他让读者自行揣摩、体会。

他关于创作的基本原则，对以后的作家颇有启迪，这些颇有影响的原则是：

很好地研究与学习文学典范作品。

通过实践与阅读掌握住你的主题。

单独在有秩序的条件下工作。

清晨开始工作，每天集中创作数小时。

每天动笔前先重读你已写出来的东西，如果是长篇，那就从最后一章开始读。

写作过程要慢一些，要深思熟虑。

不要议论你正用于创作的材料。

完成一天工作后,不要再去考虑写作问题,让它在潜意识里自由发展。

在知道下面该如何发展时停笔。

要按计划进行创作。

把每日的进展记录下来。

创作完成后,把标题列出来。

在巴黎时,他在咖啡馆、在旅店的小房间里和在自己的公寓中伏案写作,为了写好一小段,海明威经常花去一早晨的时间。

海明威的美学建立在两个基本原则上:第一,小说必须忠于现实,但要运用作家的想象力和创造力加以提炼和改造,直到它比单纯事件更真实可信(海明威一向认为知识渊博的作家都是从现实出发,最后创作出比实际阅历更引人入胜的作品);第二,小说必须简洁、精炼,从而达到强化效果(海明威认为可以把作者取舍素材的能力作为评价小说优劣的标准)。虽然海明威精彩地发挥了他的写作技巧,按冰山的创作原则进行删节,但他有时删得太多,以致把创作原意淹没在大块冰山中。

海明威文体风格的特征是明快生动,注重每个单词的作用，着重对话体而不注重记述体。

海明威的写作技巧与他的风格相媲美，他自己也对那种纯朴的表现手法感到自豪。他的散文精炼，朴实无华，是20世纪最有影响的散文。

海明威的理论与技巧在20年代就已形成，在他以后的创作生涯中，他一直遵守着自己的写作原则。

海明威小说的风格和主题与众不同，那些编辑没有识玉的慧眼，因而在20年代他要出版小说时遇到相当大的困难。他把稿子邮出去常常原封被邮回，尤其伤害海明威自尊心的是，拒绝他的那些编辑常不把他的稿件称为小说，而是称为"速写录"、"短文"……最糟的还有说是"轶事"的。

新奥尔良出版公司的《口是心非》是美国头一份发表海明威诗的杂志，这个杂志在1922年6月刊登了他的四行诗《终极》，与福克纳的《肖像》在同一版。但该杂志没有付给他稿酬，气恼的海明威写信告诉该杂志编辑说，刊名就反映了他们的道德水平。

庞德竭力帮助这个新文学天才，设法在《诗刊》里发表了他10首诗中的6首，这10首诗后来编成他的第一本诗集。

1923年至1925年期间，海明威设法在安德森的《小评论》、福特的《泛大西洋评论》、艾尔弗雷德的《横断面》以及沃尔什的《本季度》等刊物上发表一些早期作品。1923年他幸运地结识了选集的编辑爱德华·奥布赖恩，奥布赖恩读过他的小说《我的老人》，那是写一个男孩得知自己当职业骑师的父亲竟是一个骗子后感到懊丧与失望的故事，他对这篇小说击节赞赏，尽管它以前从未见诸报刊，但他仍把它编入《1923年最优秀短篇小说集》，并慷慨地送给海明威一本，在上面题字"献给海明威"。1923年8月，海明威的朋友麦克阿蒙在他的出版公司私下出版了仅有58页的小册子《三篇小说和十首诗》，这部具有青春活力的作品只印了300册。

海明威第一部获得稿酬的书是《在我们的时代里》普及本，这本书于1925年由博奈和利夫莱特出版公司出版。同前一本书一样，海明威再次把它奉献给哈德莉。书首有安德森、福特、多斯·帕索斯、爱德华·奥布赖恩等人的公正评价。

1923年2月洛桑会议期间，海明威就写出了《在我们的时代里》中的6篇，发表在1925年春季《小评论》上。1923年7月底，他的创作力第二次迸发，在很短时间内完成了汇集在《在我们的时代里》内堪称精华的9篇新小说。《在我们的时代里》的最早版本是1924年3月由比尔·伯德的三山出版公司出版的。全书由18个简短的、没有标题的章节构成，统共只有38页，用的是手工制的纸张，发行量更少，只有170册。比尔·伯德是一个年轻的新闻工作者，1920年以来在巴黎任联合出版社驻欧经理，他也是海明威的密友之一。

《在我们的时代里》新版本与早期的同名作大不相同，用了上一版的16篇短文，海明威把它们穿插在15个短篇小说中。整个小说由交替出现的短文所连接，并由一个中心人物亚当斯贯穿起来，就像吉卜林的《三个士兵》一样。这些小说之间虽有一定联系，却是独立成章，正如十四行诗的次序。

海明威的早期作品颇带自传体色彩，在这本书中，头5篇小说和《我的老人》是反映少年和青年时期的事；《一则很短的故事》和《士兵之家》是关于战后生活再调整的事；《革命者》和《艾略特先生和太太》是关于战后欧洲人的流放；《雨中的猫》、《不合时令》和《漫天风雪》则涉及他与哈德莉婚姻的破裂；最后一篇也是最感人的一篇，海明威在《大二心河》中描写尼克回到他少年时

期住过的地方，治疗战争中所受的创伤。

《在我们的时代里》出版后受到许多著名作家的好评。

埃德蒙·威尔逊发现海明威是一个不可多得的人才，并协助他树立了真正的文学威望。威尔逊说："他的散文是第一流的。"并把他与安德森·斯泰因相提并论，认为海明威笔下人物所用的语言不避俚俗，能真实准确地表达人物的深沉感情和复杂的心理状态。艾伦·泰勒、斯科特·菲茨杰拉德以及D.H.劳伦斯等作家也认为这是一部颇为惊人、独具特色的好作品。这些名家都对海明威早期作品作了扼要的评介。评介均集中在海明威不同寻常的风格、技巧与道德标准上，并把他当成文学界一支很重要的新生力量。到了1925年，年轻的海明威实现了他的梦想，发表了他第一部重要小说集，并开始了他的创作生涯。

与这些诸多作家的赞誉相反，海明威的书引起了他双亲的强烈反对。

过分拘谨、依从习俗的埃德医生坚持说，他宁可看到海明威死去，也不愿见到儿子写这种污秽的作品。他写信劝儿子说："你把世界描写得兽欲横流，去发掘那些欢欣的、催人上进的、乐观而高尚的主题吧！"海明威成为著名作家后，他的新作在家乡发行时，他父亲满怀忧伤地惊叫："欧内斯特又写了一部龌龊的小说。"

海明威的母亲更是恐惧，她也宁愿儿子进坟墓，也不愿他干这些玷污清教徒家庭的事。在海明威还是十几岁的毛孩子时，格雷丝就对他说："你写的一切令人毛骨悚然。"当《太阳照样升起》发表时，她谴责它是"当年最污秽的图书之一"，并告诫他说："除了'他妈妈的'、'狗娘养的'，在你的字典里肯定还有其他字——每一页都充满了令我恶心的字眼。"

尤令埃德夫妇震惊和难堪的是儿子总喜欢把他家里的熟人指名道姓地写进他的诽谤性小说中去。在《在密执安的日子里》中，海明威第一次躲躲闪闪地把吉姆（霍顿湾的铁匠）与利兹·迪尔沃恩（霍顿湾的厨师）两人的姓，还有他高中女友弗兰西丝·科茨和橡树园一位知名人士吉尔摩先生的名字合在一起，用做他小说中一对肉欲恋者利兹·科茨和吉姆·吉尔摩的名字。

这件事发生后，四个人为此向埃德夫妇大发脾气，质问在什么地方得罪了他们的宝贝儿子。埃德和格雷丝无言以对，十分难堪，也感到脸上无光，在朋友面前抬不起头来。对格雷丝来说，她难以理解儿子的所作所为，他从小就受到良好的教育，何以会"从阴沟里捡来这些脏字和龌

龌思想"。

海明威给指责他的父亲写了一封长信，对小说技巧、目的和道德等问题作了解释和辩护，信中说：

> 我试着在我所有的短篇小说中反映经历过的实际生活的感受——不只是描绘生活或批判生活，而是实实在在地记述，让它栩栩如生。因此你读到的我写的某些东西，实际上就是你所经历过的事，如果不将坏的、丑的，以及美好的事物都写进去，你就不可能相信这是真实的，绝对不可能。只有反映美与丑，好与坏双方面，或三方面甚至可能是四方面的情况，才有可能按我所要的方法去进行创作。
>
> 因此，当你看到我所写的任何你不喜欢的东西时，请记住，我这样写是真诚坦率的。假若我写了一个惹你和妈妈生气的反映丑恶的小说，那么第二篇很可能就是你最喜欢的一篇。

紧接着《在我们的时代里》，海明威花了7天时间写成《春潮》，离上本书的出版仅隔6周。并在1925年7月

21日他生日那天开始动笔写《太阳照样升起》，这是一部把海明威推向顶峰的经典之作。

《春潮》是一篇讽刺他朋友安德森的作品，也猛烈抨击了美国和巴黎文学界。海明威在中学时代写的幽默作品都是有意模仿他孩提时代的英雄林·拉德纳的。《春潮》是这种情趣的自然发展。哈德莉很喜欢安德森，他认为海明威不应该和他最要好的朋友闹别扭，何况安德森给过他很多帮助。哈德莉看不惯丈夫的忘恩负义，宣称她讨厌这本书的构思。海明威的许多朋友都认为他写得很有趣，但一致劝阻他发表。

海明威写《春潮》的动机很简单，他的《在我们的时代里》出版后，许多评论家都提及安德森对他的影响，说"与安德森很相似，只是不如安德森写得好"。海明威最恨这种论调，他想摆脱安德森的影响，而且为了区别于安德森的近作《浑噩的笑》而写出《春潮》。这本书是海明威与斯泰因争吵的引火线，也伤害了安德森的自尊心。安德森很有修养，他保持自己的尊严，始终没有还击。对海明威仍以礼相待，但疏远了他。在晚年，海明威反悔了自己这次幼稚的攻击。

《太阳照样升起》一书的情节惊人的简单，这个故事

来源于海明威在意大利前线受伤的经历以及他在米兰那所医院休养时的想象。书中男主人公杰克·巴恩斯在战争中受伤，丧失了做丈夫的能力，只能容忍妻子在外鬼混。

诗人康拉德赞扬了这部小说中精辟的对话、对人物性格深邃的刻画，说这些"具有诚实和现实的效果"，在描写一个多少有点心地不纯而又十分悲惨的故事时，显示出超脱和端庄的态度。传记作家赫伯特·戈尔曼声称，该书描绘了一种巨大的精神崩溃，描绘了思想上丧失了指导目标的一代人，描绘了受时代、命运或勇气驱使而导致狂热的一代人。

虽然许多评论家不喜欢小说中那些反面角色和单调平凡的生活，但这部小说影响所及不仅超过文学范围，而且超越了地域限制。女孩子们都把书中女主人公作为模仿对象，小伙子们也仿效杰克，说起话来轻描淡写。这部小说对以后几代人影响更大，他们对小说主人公虚无主义的生活持赞同态度，而不是加以抵制。现在人们公认《太阳照样升起》是海明威最伟大的著作。

《太阳照样升起》反映了第一次世界大战后知识分子对资本主义制度的绝望心情。海明威在两个章节的引言中阐述了创作主题，他引用旧约传道书批驳斯泰因关于战后道德混乱状况的评语——"你们都是迷惘的一代"。如今，这部小说被认为是"迷惘的一代"的代表作品，这大概是海明威始料不及的罢！

海明威的一生充满传奇性色彩。他个人阅历的丰富和专业作家的成就都是罕见的，在作家之中还很少有人可与海明威比肩。

海明威18岁就是一名记者；19岁时参加第一次世界大战，是在战争中负过伤的英雄；20岁时有过一段不愉快的初恋；22岁结婚；23岁任驻欧记者；24岁做了父亲，成为一名职业作家，并出版了第一部著作《三个短篇和十首诗》。

1926年10月，《太阳照样升起》出版了，海明威把这本书献给了妻子和儿子，但实际上，他那时已把他们遗弃了。他们夫妻关系是从1924年开始恶化的，那时海明威刚刚辞去报社的工作，没有一点收入。不久负责管理哈德莉财产的乔治·布雷克把哈德莉的资金减少了一半，使她好几个月无分文收入。当时哈德莉穷得连补鞋的钱都没有，她穿的衣服不仅破旧，式样也早已过时，和她的一些朋友相比相当寒酸。出版商给《在我们的时代里》预付的稿费只能暂解燃眉之急。生活的拮据和抚养孩子问题使海

明威和哈德莉不断争吵,穷困潦倒的海明威开始厌烦起妻子来。本来一个出版商想给海明威提供一笔钱,一笔足以供他过几年舒服日子的钱,但海明威不想把自己和艺术当商品出卖,他拒绝了这笔钱。

就在他们的婚姻出现裂痕时,一个富裕的未婚少女插进了他们的两人世界,她就是海明威的第二个妻子波琳·法伊弗。

1927年1月海明威与哈德莉离婚。同年5月他与波琳结婚,同时改信天主教。当他的离婚丑闻传到橡树园时,他的父母十分担心,儿子失去了哈德莉在道德方面的指引,无疑将在他的恶习中愈陷愈深。

1928年3月海明威携波琳返美,定居在佛罗里达州的基韦斯特。它是美国最南边的一个小镇。从1928年至1938年,海明威的大部分时间都居住在这里。在这一年,他的次子帕特里克出生,他的父亲埃德医生自杀。埃德因为亏损了一大笔钱,加上患了糖尿病而终日闷闷不乐,虽然他笃信宗教,但还是以自杀方式结束了自己的生命。这件事给海明威以巨大的打击,眷恋父亲的海明威为此长期悲痛不已。

1929年9月27日,海明威的长篇小说《永别了,武器》出版了。这本书描写了一个美国中校在第一次世界大战中的不幸遭遇，谴责了帝国主义的掠夺战争，全书流露出浓厚的悲观情绪。这本经典著作当年就成为畅销书，使海明威的声誉到达了顶峰。

1931年海明威的第三个儿子格雷戈里出生。1932年海明威发表了关于西班牙斗牛士的专著《午后之死》，这本书既是一本个人回忆录，又是一本关于文化的历史书，也是一本关于斗牛士的专题论述。它可以说是一部关于斗牛的经典著作，但毁誉参半，誉者称之为斗牛指南，毁者抨击他的文学风格。

1933年海明威的短篇小说集《胜者无所得》出版。同年，海明威夫妇赴非洲狩猎，在非洲旅行5个月。1935年，他追忆非洲之行的《非洲的青山》出版发行。

1936年西班牙内战爆发，海明威以战地记者身份投入西班牙内战，参加共和派对佛朗哥军队的战斗。海明威在1937年至1938年期间，4次去西班牙，在那儿逗留8个月。他写文章，发表演说，为西班牙共和政府募捐。1937年他的长篇小说《有的和没有的》发表，1938年为《西班牙土地》编写脚本，并完成描写西班牙内战的剧本《第五纵队》。

1940年,海明威最负盛名的长篇小说《丧钟为谁而鸣》出版,它是写一个美国人志愿参加西班牙人民反法西斯斗争的故事。主人公乔丹奉命在共和军发动攻击时炸毁一座桥梁,但不能提前行动,因为这样才能把法西斯分子的增援部队拦在桥的那面。小说严谨的结构使它的内涵达到完美境界,出版5个月就售出50万册。也就在这一年,海明威再一次离婚和结婚。他的第三个妻子马莎·盖尔霍恩是个记者。1941年海明威迁居古巴哈瓦那,同年和马莎来中国采访抗日战争。他们在重庆采访了蒋介石夫妇,写了7篇平淡的报道,审慎地提出日本可能会对美国作战。他们在华盛顿报告他们的中国之行时,曾预言战后共产党将在中国取得政权。

第二次世界大战初期,海明威在古巴成立了一个私人间谍组织,收集岛上亲纳粹分子的情报,并与美国联邦调查局作对。1942年,海明威把自己的游艇改装成武装渔船,在加勒比海搜索德国潜艇,这是"一项军事冒险行动"。当时成群的德国潜艇在加勒比海徘徊,已把古巴同美洲大陆的联系切断了好几个月,虽说海明威没有炸毁一艘潜艇,他却敢于冒牺牲自己游艇和生命的危险。1945年,海明威以战地记者身份参加了解放巴黎的朗布伊埃战斗,并赶在正规部队的前头,带领一个秘密的自由法国游击队小组先期进入朗布伊埃。海明威最重要的贡献是搜集、侦察到巴黎途中敌人防御工事的情报,为盟军解放巴黎提供了方便,减少了不必要的伤亡。海明威在战事上贡献很大,但受到别的记者的非难,说"海明威先生撕去了记者的标志,他的行动俨然是一位法国抵抗运动组织的上校,他房间里有地雷、手榴弹和军事地图,他派出抵抗部队的巡逻队,这种行为应该被认为是破坏了出于对记者的信任而得到的特殊权利的"。由于海明威违反了日内瓦公约中战地记者不得携带武器的规定,使他的同事们的生命受到威胁,因而军法部门对海明威进行了一次司法审查,但由于他军队中朋友的证词和他的名气,这次审查不了了之。1944年海明威与马莎离婚,1945年与玛丽·韦尔什结婚。

1950年9月,海明威的长篇小说《过河入林》出版发行,它是《永别了,武器》的翻版,也是海明威所有小说中最涉及个人、最有启示的一部书,因而刚一出版就遭到猛烈抨击。直到今天,一些评论家还认为它是海明威最糟的一部小说。

1950年他发表了中篇小说《老人与海》,描写了一个

老渔夫和大鱼搏斗的故事。这本书 1952 年荣获普利策奖。1953 年到 1954 年，海明威到非洲做了第二次游猎，这是一个多灾多难的旅程，飞机两次失事，海明威虽负了重伤，但均幸免于难。海明威在医院里两次看到宣布自己死亡的讣告。1954 年，海明威获诺贝尔文学奖。

1960 年海明威患了重病，医生诊断他患了高血压、慢性糖尿病、眼病和皮肤病，他接受了电击治疗，这种电震疗法损坏了他的记忆力，使他精神崩溃。1961 年 7 月 2 日，海明威用心爱的猎枪自杀身亡。

海明威可以说是影响了好几代人的文坛怪杰，也是举世闻名的风云人物。

正如许多海明威研究者论断：海明威本身就是一部自我矛盾的杰作，这种矛盾贯穿了他的一生：他本是天之骄子，却一辈子和死神打交道；他责备自杀的父亲怯懦，但自己最后也走上同一条路；他本来主张像托尔斯泰、劳伦斯一样写纪实小说，以自己亲身经历的战争素材来创作，但又经常故意扭曲事实、杜撰情节，使他自己在作品中既是一个英雄，又是一个十恶不赦的流氓加骗子；他一生注重友情，讲义气，家中经常高朋满座，他笔下塑造了不少"硬汉子"形象，但最后他几乎和所有的亲友闹翻。老年海明威给人的印象似乎相当恶劣，他傲慢、自私的形象在人们心目中根深蒂固，以致人们已很难在他身上觅到少年海明威的影子。

少年海明威是一个英俊文雅的小伙子，是一个品学兼优的学生，是一个爱好渔猎的健儿，还是一个清教徒家庭的叛逆者。他在逆境中艰苦奋斗，终于实现了自己当作家的理想，并成为誉满全球的文学大师。

卡夫卡

ZHONGWAIMINGREN DE QING SHAONIAN SHIDAI CONG SHU

有信仰的人无法给信仰下定义，没有信仰的人下的定义则笼罩着被嫌弃的影子。

——卡夫卡

身世与童年

弗朗茨·卡夫卡,于1883年出生在当时奥匈帝国的布拉格一个犹太中产阶级家庭。

弗朗茨·卡夫卡的父亲海尔曼·卡夫卡,1852年出生于波西米亚南部、沃塞克区里的一个小村庄,村庄人口不到100人。他的家境很贫寒,父亲雅各布·卡夫卡(卡夫卡的祖父)是一个屠夫,结婚很晚,1849年,他35岁时,才与邻居弗朗茨斯卡·普拉托弗斯基(卡夫卡的祖母)成亲。雅各布·卡夫卡一共有6个孩子,其中4个男孩、2个女孩,这些孩子后来都成了买卖人,他们在施特拉柯聂茨、柯林和莱特美里茨等地经商。从童年起他们就不得不担负起生活的重担,起早贪黑,用手推车把肉制品送到附近的村子里去卖。他们的居住条件非常简陋,一家八口人挤在一间又低又矮的小房子里。这种小陋房只有一人高,在当时整个波西米亚地区的大多数人家都住这样的房子。由于家庭境况窘迫,不允许孩子得到更多的教育。卡夫卡的父亲海尔曼从小说捷克语,后来,海尔曼在沃塞克以前犹太人留下的一所犹太学校里读书,学会了用德语阅读和书写。当然,他学的不多,只学会了一些基础知识,在他30岁那年给新娘写信时,上面还有许多错别字,许多句子是照猫画虎,从书上抄下来的。

海尔曼在14岁那年,离开了沃塞克到外面去做买卖,他四处奔走,不辞劳苦,终于赚到了一笔可观的钱。他服役期满后,来到了布拉格定居,过了几年,他开了一家商店,经营服装首饰。当然,为了开这家商店,他动用了妻子朱丽叶·罗维的陪嫁,因为她的父亲是个富裕的商人。海尔曼继承了卡夫卡世家的生活意志、经商的意识和占有欲,而且更加提高一步。而海尔曼所有的兄弟却一个个风流倜傥,逍遥自在,无所事事,没有那种"事业心"。海尔曼念念不忘自己的苦难童年,经常教育自己的孩子,不要忘记父辈的过去。他认为,唯一能够接受、唯一值得去奋斗的目标,就是获得社会对自己的尊重。在当时奥匈帝国的城市,要实现这个目标,就必须向上爬,进入少数德意志达官显贵的行列,这是飞黄腾达的必由之路。1890年,在布拉格的45万居民中,只有三四万人能说德语。所以,向德意志上层靠拢,然后获得整个社会对自己的尊重,这是一条海尔曼不得不走的"迂回"之路,因为他出身贫寒，社会地位低下，而且他是犹太人，在奥匈帝国反犹太浪潮中，遇上了不少麻烦，所以，他有很强烈的向上爬的愿望。在1871年到1873年德国经济繁荣时代，社会等级不是不可逾越的障碍。当然，海尔曼清楚地认识到，真正的障碍是自己的自卑感，在定居布拉格的头几年里，他认为自己来自捷克地区，总把自己看成是一个捷克人，觉得别人看不起他。为了克服这个感觉，他长期担任亨利希巷犹太教堂的董事会成员。这个教堂建于1890年左右，是布拉格的第一座犹太人的教堂，人们在那里用捷克语进行祈祷；教堂的第二层是捷克语报纸《民族之声》的编辑部。后来，海尔曼在政治上"转变"成为无党派人士，当上了吉普赛教堂的董事会成员，不久又当上了乒卡斯教堂的理事。1907年，他在布拉格居民花名册上注册，在职业这一栏里，他写了这样几行字：商人，有自己的小推车，经营时装、首饰、阳伞、雨伞、手杖、棉花，他还洋洋得意地写道："本人曾在法律面前起誓过，要忠于职业道德，做一个诚实的商人。"海尔曼就是这样地不断向德意志名流阶层攀援。

卡夫卡的母亲朱丽叶·罗维，1856年出生于巴特·巴德布拉特。关于她的身世，卡夫卡1911年的一则日记是这样

写的:

　　我的名字叫卡夫卡,这是希伯莱语,它的意思是穴鸟,我曾外祖父也叫这个名字。我妈妈经常回忆说,曾外祖父非常虔诚,而且,他的学识非常渊博,他总是蓄着长长的白髯。我妈妈才六岁时,他就去世了。她记得,在我曾外祖父去世时,她紧紧攥住他的脚趾头,请求死去的老人宽恕她,因为,她可能在他面前有过什么过错。曾外祖父生前有过许多藏书,在他的房间里,墙脚下堆满了书,对这一点,我妈妈还记忆犹新。曾外祖父天天到河里去游泳,从来不间断,就是到了隆冬季节,也毫不例外。有时,河面冻冰了,他就在冰面上砸开一个窟窿,然后再跳进水中游泳。我的外祖母很年轻的时候就得结核病死了,她的死给她的妈妈(也就是我的曾外祖母)打击很大,从此以后,她就郁郁寡欢,终日沉默寡言,也不想吃饭,不同别人搭话。就在我外祖母病逝的第二年,有一次,她一个人到外面去散步,从此再也没有回来。后来,人们在易北河里捞到了

她的尸体。我妈妈的曾祖父，也就是我的外高祖父，学识比谁都广博，他也比他的儿子更有学问。当地的基督教徒和犹太人，都十分尊敬他，他在这两个教派中，都享有崇高的威望。由于他十分虔诚，于是出现了一个奇迹：有一次闹火灾，熊熊烈火越过了他的屋顶，饶恕了他，而他周围的其他房子都被烧成了一片瓦砾。我妈妈的曾祖父一共有四个儿子，其中一个儿子后来改信基督教，成了一名医生；在这四个儿子中，只有我妈妈的祖父的运气特别好，他躲避了一切灾难，活了下来，而他的三个兄弟，没活多久都死了。他，我妈妈的祖父，是个幸存者，他生了一儿一女。据我妈妈讲，那个儿子即我妈妈的舅舅，有些神经质，他名叫那旦。那个女儿就是我外祖母。

值得说一句的是，卡夫卡的母亲也曾经谈到过自己的身世。但是，她所提到的同卡夫卡上述日记的个别地方有些出入。上述日记 20 年后，卡夫卡的母亲已经是 75 岁的老人时，亲笔写了两张纸条：

我亲爱的已故丈夫出生在沃塞克,那是在施特拉柯聂茨附近。他的爸爸长得虎背熊腰,十分健壮,他是屠夫,但是他的寿命不长。他的妻子,也就是我的婆婆一共养了6个孩子,她是一个非常勤劳的女人,一辈子含辛茹苦,悉心照料孩子,孩子是她生活中唯一的乐趣。我的丈夫从14岁起就漂泊异乡,他不得不自谋生计。他在20岁那年当了兵,后来,他一步一步地往上升,一直当上了中尉;他在30岁那年娶了我,当时,我们手头只有一笔小小的款子,我们用它来做买卖。我们两口子十分勤快,生意做得红火,渐渐地我们有了一点小名声。现在活在世上的只有3个女儿了。长子叫弗朗茨,他的性格很软弱,但他的身体倒是挺壮的,他是1883年出生的;两年以后,我们又添了一个小男孩,他叫格奥克,他长得既健壮又漂亮,可惜,他在两岁时就得麻疹死了;后来,我们又有了第三个孩子,但是,他还没有活到6个月,得了中耳炎,不久就死了,他叫亨利希。现在,我们的三个女儿都出嫁了,她们的日子都过得挺顺心。

我是在巴特·波得布拉特出生的。我的外祖父，也就是我妈妈的父亲，从小就受到犹太教的熏陶。他跟我妈两个人一起经营一家商店，而且，这商店还是挺大的。不过，在外祖父的眼里，犹太人的教规比买卖重要得多，他对商店里的事情不太关心，买卖上的事，他总是马马虎虎的；而对犹太教，他却十分尽心。我在小时候，曾听他说过，他还有两个兄弟，其中一个弟弟虔诚到了极点，他不管学校里的孩子怎样成群结队地跟着他、嘲笑他，他总是在外衣上面缀上一些线条，以表示他对犹太教的忠诚。在学校，老师批评了孩子们的胡闹，他告诉孩子们，不要在圣人面前调皮捣蛋，否则他要处罚他们。我的这个亲戚天天去易北河里洗澡，在大冬天，他就扛一把镢头，先在河面上刨开一个窟窿，然后再下水。我的外祖父的另一个弟弟是医生，他也接受过犹太教的洗礼。

这个信奉犹太教的长老只有一个女儿，那就是我妈妈。她在28岁那年，因为得了天花而离开了我们，除了我还留下了另外三个儿子，也就是我的哥哥。她死那年我才3岁。我爸爸在她死后第二年，又重新娶了一个妻子，因为当时我的3个哥哥已经流落到了其他地方，所以，爸爸和他的新娘变卖了在波德布拉特的房子和商店，移居到了布拉格。在那里，爸爸一直待在家里，没有做什么事情，到了86岁那年，他便寿终正寝了。我爸爸是在洪波莱茨出生的，他生前曾织过布，后来，他还在波德布拉特开了一家商店，专门经营零售布匹。他一共有4个兄弟，他们都开工厂，他们当中，有3个活得挺长的。我自己有5个弟兄，其中4个弟兄是搞买卖的，另外一个是医生，他们当中，有两人的寿命相当长，他们在很大年纪时才离开人间。

弗朗茨·卡夫卡的父母，出身不同，这一点在他们的结婚卡上就可以得到证明：海尔曼，犹太人，捷克地区人，老家在一个很偏僻的乡村，是个无产者，住在布拉格的一个贫民窟里，它在犹太隔离区里，那个隔离区一直是开放的，20年以后，它被彻底扫平了；朱丽叶出身优裕，娘家有比较大的资产，受过较高的文化教育，属于德国犹太市民阶层，住在一套很漂亮、阔绰的住宅里，它位于旧城区的环城马路旁。一年之后，即1883年7月3日，弗朗茨·卡夫卡在圣克劳斯主教的"钟楼"住宅里出世了，这个住处恰好是在布拉格两个区的交界处，这个出生地，似乎要再次显示一下，他父母的出身是完全不同的，也正是由于父母不同的出身，把卡夫卡与"布拉格学派"的其他作家截然分开，因为只有他一个人能娴熟地用捷克语进行交谈写作，在所有的布拉格作家中，只有他一个人住在老城区，在犹太隔离区旁生活。当时，这个隔离地区的邻近地区还是一个完整的、独立的地区。这样卡夫卡始终与捷克人民保持着紧密的联系，他一直没有忘记青少年时代的生活环境，他对朋友雅诺赫说过这样的话："在我们的内心世界里，总有这样一些黑暗的角落、神秘的甬道、漆黑的窗户、肮脏的庭院、嘈杂的酒店，还有那些难以近身的旅店。我们的脚步不稳、眼睛也不知道往哪里看，我们好像在一条悲惨的小巷里面，我们的心在不停地战栗。不管这个城市多么干净，我们对此一点都不感兴趣，对我们来说，肮脏的旧犹太城，比它周围的新城区现实得多。"布拉格的旧城区，是卡夫卡所熟悉的地方，也是他感到十分亲切的地方，除了他后来因得病不得不去疗养院以外，他一生很少离开过这个地方。卡夫卡的一个熟人回忆说："有一次，我们站在窗户旁边，俯瞰下面的环形广场，卡夫卡用手指了指远处的一群建筑物，说：'那是我以前的中学，面向我们的那座楼是我以前的大学，向左一点是我的办公室。'卡夫卡用手画了一个圆圈说：'我一生都被圈在里面了。'"

卡夫卡一家在布拉格定居以后，由于经济拮据，不得不勤俭持家，小心谨慎地安排生活。在商店开业后的头七年里，一家人的住房既简陋又矮小，而且还经常搬迁。他们住过的房子有：文采广场56号，盖斯特巷V/8号，采尔特纳巷3号，尼克拉街36号，这些房子都在旧城区里，或紧挨旧城区，就连他们的第一所比较宽敞的房子也不例外，他们一家是1889年6月住进这所房子的，它位于旧城区中，在两条环城马路中间，在它的旁边是市议会大楼。在这所房子里，卡夫卡的三个妹妹相继出生了：大妹妹艾丽于1889年出生，二妹妹娃丽于1890年出生，三妹妹奥特拉于1892年出生。在这个房子旁边，有一条马路，这条马路和附近的一些小巷两边，有许多窄小的房子和庭院，"房子是互相串通的"，"阳台沿着院子，向外延伸出去"。卡夫卡只去过布拉格附近的公园，偶尔也到郊外去，此

外，那些庭院和阳台便是也童年时代的玩乐场所。1889年秋天，卡夫卡上学了，就读于德意志男子学校，学校的生活在卡夫卡的心里打下了极为深刻的烙印。30年以后，他对这段童年生活仍然保持着清新的记忆，他在给弥勒娜的一封信中写道：

> 我家的女厨师是个干瘪、矮小的女人，她有一副鹰爪鼻，脸颊深深地凹下去，脸色蜡黄。不过，她的筋骨倒挺结实，精力也很充沛，这家伙还有一副高傲的神态。她每天早晨送我去上学，每次，我们都是先穿过环城马路，然后穿过苔思巷，最后过一道拱形门，这样我们就到了肉类市场旁边的一条小巷，然后来到肉类市场，大约有一年左右的时间，我们天天都是这样走的。每次走出家门的时候，女厨师总是吓唬我说，她要向老师告状，说我在家里很淘气。也许，我在家里确实很淘气，而且会有些犟头倔脑、调皮捣蛋，有时还可怜自己，人们从中很难找出一些符合老师胃口的东西，这一点，我是一清二楚的，所以，我对女厨师的威胁也不敢充耳不闻。从一开始，

我就觉得，去学校的路无比漫长，总感到路上会出许多事，事实上，从家到学校的路不算太远，正是从这少年的轻信中，我逐渐滋长了胆怯懦弱的性格，我逐渐有了一种威迫感，好像有一个幽灵紧紧跟在我的身后，我知道，女厨师是不敢同老师讲话的，因为他们是世界上最受尊敬的人，至少，在走到旧城区的环城马路之前，我是这样想的。尽管别人尊敬女厨师，但是她毕竟是搞家务的……在快要走到肉类市场的那条胡同时，我对女厨师的害怕心理占了上风，这时，学校本身对我就是一个威胁，女厨师使我更加害怕学校，我都不敢进学校了；于是，我开始向女厨师求饶，但是，她总是摇摇头，不肯原谅我，我越是恳求她，她就越显得高贵，我所面临的危险也就越是显得大。最后我停了下来，乞求她饶恕我，她不听，拽住我就向前走，我便吓唬她说，我要到爸爸妈妈那里去告她的状，让他们替我报仇。女厨师听了以后，哈哈大笑；在这个时候，她的权力很大。我紧紧抓住一家商店的大门，那大门装饰得十分考究；或抓住街角的大石块，我不愿再走了，除非她对我说，她饶了我；我还紧紧地拽住她的裙子，向后拉她，她要制服我不是件容易的事。女厨师一边向前拽我，一边对我发誓说，她非要把这一切告诉老师不可；这时，时间已经不早了，雅各布教堂上的钟已敲八点了，校铃也跟着响了起来，其他的孩子向学校跑去。我一向害怕迟到，于是，我同女厨师也一起向学校猛跑，我一边跑，一边在心里嘀咕："她准会告诉老师的，也许她只是吓唬吓唬我，她不会告诉老师的。"最终，她真的没有告诉老师，她从来没有告过我的状，但是，这个可能性在不断地增大，她老对我说："昨天，我没在老师那里告你，今天我非告你不可。"她是决不会放弃这种可能性的。

这里，我们可以看到卡夫卡童年时的幻觉和恐惧，他总觉得有一个幽灵在跟着他，他每天上学时都要经受心灵上的强烈刺激，久而久之，使他惶惶不可终日。卡夫卡的这种状况，与他父亲的影响是分不开的。在当时的布拉格，教育孩子的问题，普遍得不到重视。卡夫卡是由女管家看大的，女管家叫玛丽·魏·尔纳，是捷克人，她在卡夫卡家里干了几十年,她与女厨师判若两人,性格十分温柔,态度和蔼可亲。在卡夫卡父亲面前,她总是胆小怕事,一旦与他有不同的意见,她就连忙说:"我没说什么,我不过心里想想。"卡夫卡的童年除了与女管家和女厨师"这两个受尊敬的女人"在一起之外,他们家还请了一个保姆,后来还请了一个法国家庭教师,这在布拉格的富裕人家看来,是不可缺少的。后来,海尔曼·卡夫卡经过刻苦的努力,拼命干活,他的商店越办越大,而且他在商店里安置了一处住所。那里,十分喧闹、嘈杂。朱丽叶·罗维整天围着他转,既要当好他的帮手,又要替他安抚雇员的情绪,因为海尔曼认为,那些雇员是畜生、是狗、是"雇佣来的敌人"。海尔曼对儿子的生活、学习一概不闻不问。偶尔,在饭桌上看到卡夫卡,对他发号施令,指手画脚地教训一通,就算了事。到了晚上,海尔曼总是玩着纸牌,他一边玩,一边大声叫喊,或者放荡大笑,同时,他始终在抽烟斗,在他那间陈设讲究的屋子里,始终笼罩着混浊的空气。卡夫卡就在这种环境里生活,父亲的专横,使他总处于"战战兢兢的奴隶地位"。父亲对他发出简短、但十分粗暴的命令,经常使他丈二和尚摸不着头脑,久而久之,使他经常处于一种坐立不安的

状态。卡夫卡成年后说当时他"办任何事情都没有把握","我只有手中捏着的东西,只有嘴里咬着的东西,除此之外,我一无所有"。海尔曼对儿子粗暴的态度,是造成卡夫卡优柔寡断、自暴自弃的主要原因。卡夫卡当时生活在奥匈帝国,它是个包括奥地利、匈牙利、捷克、南斯拉夫等地区在内的封建主义的和资本主义的奇怪的混合物,已经摇摇欲坠。正如恩格斯所说:在历史的冲击下,"由继承和窃得的小块土地拼成的七零八落的奥地利君主国,这个由十种语言和民族构成的混乱局面,这堆由绝然矛盾的习惯和法律乱七八糟拼成的东西,终于开始土崩瓦解了。"(《奥地利末日的开端》,见《马克思恩格斯全集》第四卷516页)而当时的布拉格,从表面上看,是"王朝的一个封闭的盒子",养老者、怪僻的人、文学家都把布拉格看成一个理想王国,但实际上,布拉格作为奥匈帝国的一个城市,也不可避免地包含了奥匈帝国内部的所有矛盾,特别是在世纪交替的最后十年里,也就是在"奥姆拉蒂玛"事件的那十年里,捷克民族同德意志民族的矛盾已经开始了,街头冲突和暗杀事件时有发生;尽管布拉格的许多居民对那些暴力事件竭力装出一副漠不关心的样子,但是他们在校的子女却直接面临着交战,即德意志学生和捷克学生的交战。这种战争由来已久，具有很大的危险性，卡夫卡后来结识的朋友奥斯卡·鲍姆，就是在一次类似的冲突中双眼严重受伤，最后双目失明。卡夫卡生活在这种环境里，他对现实不理解，感到恐惧，再加上他是犹太血统，还要受到排犹主义的精神迫害。所以，他只能与外界断绝来往，除此之外，他没有其他任何选择。他说："我的思想在现实之外，它同眼下的一切事情都毫无关系。"他在把自己同巴尔扎克相比时这样写道："在巴尔扎克的手杖柄上写道：我在粉碎一切障碍。在我的手杖柄上写道：一切障碍都在粉碎我。共同的是'一切'。"卡夫卡置身在这样的环境中，随时都承受着他无法摆脱的压力，他和社会无法沟通。后来，卡夫卡 40 岁的时候，他想通过自己童年的经历劝告妹妹艾丽，把儿子送到寄宿学校去抚养。从他强烈的语气中，我们可以看到，父亲对他的打击是多么沉重，他对艾丽说：

> 当父母的都十分自私，自私——这是父母亲的根本情感。在教育孩子上，就连父母亲最伟大的抚爱也要比雇佣教育者一丁点的慈爱自私得多；因为孩子是自己的骨肉，所以，父母亲不会像一

个普通的成年人那样，去自然地对待孩子，这是一个十分复杂的情况。孩子是父母的亲生骨肉，父亲在教育孩子时（母亲也是这样），是这样看待他的：他曾经在孩子出世前就憎恨过他，但是他无法消灭他，因为这个弱小的孩子会比他更有权，会比他更加强大。所以，他不等孩子长大，就向他大发雷霆，向他发起了猛烈的攻击。或者，他会惊愕地发现，孩子身上缺少他可以用来标榜自己的东西，所以，这个东西因而在整个家庭中是必不可少的。我再强调一遍：他可以用来标榜自己的东西，孩子就必须能，整个家庭就必须有！于是，他就强行向孩子灌输这些东西，这方面，他经常做得很成功。但是，他也有做得失败的时候，因为他砸死了孩子……或者他只把孩子当做情人，他依附于孩子，把自己贬低成孩子的奴隶，他因慈爱而毁了孩子。

　　孩子是在自私自利中出世的，他领教到两种教育方法：分成不同等级的暴虐态度和奴颜婢膝的态度。而暴虐态度却是以十分温柔的方式表现出来的，当母亲的会说："孩子，你得相信我，我是你的妈妈呀！"奴颜婢膝的态度则是以一种十分强硬和傲慢的方式表现出来的，家长会说："孩子呀，你是我的儿子，所以我就必须把你培养成我的救星！"这两种教育孩子的手段都十分可怕，这其实是反对教育的手段，它们只能把孩子打回到他所出生的地底下去。

卡夫卡的上述话语，无意中折射了他本人所受的家庭教育。在他以后的生活中，他被父亲不断加深的教育观念所左右，不得不而且极其认真地想实现父亲强加给他的所谓理想。如：在他还在工人保险事务所供职时，就跟一个花匠学手艺，后来，他又跟一个木匠学做木匠活。他一直很欣赏上司"经商的积极性"，欣赏朋友的旺盛精力，坚强的决心和自信心，就连别人剽悍的身体也会让他赞叹不已。在他的一生中，这些观念和他所做的努力与他后来不断发展的寂寞、孤独感交织在一起，使他对清教徒都要顶礼膜拜了，如他爱吃素，喜欢大自然，对医道很感兴趣。

中学时代

　　1893年，10岁的卡夫卡被送进布拉格的旧奥地利文科中学（另外一种说法："旧城区德意志国立高中"），开始了他的中学时代的学习和生活。这所学校设在金斯基王宫，这是一座巴洛克式的建筑，位于老城区的环城马路旁，离卡夫卡家就几步远。卡夫卡的父母为他选择了这所中学，是因为这所中学是德国人办的一所文科中学，哈布斯堡王朝为了填补官员的空缺，总是从中学中筛选优秀学生，培养他们当官。显然，这是一个飞黄腾达的好地方。老城区环城马路的两旁建筑物十分庄严肃穆，它们十分强烈地反映出一种严肃、森严、压抑人的气氛和精神笼罩着整个学校。

　　学校的校规是几十年前制定的，一直流传下来，好像一个紧箍咒，紧紧地套在学生的头上，除了上课以外，学生没有任何机会与老师接触。学生们对老师恭恭敬敬、听话、顺从。学校不断强化教学，造成学生不必要的紧张，而对学生的个性、兴趣、爱好则根本不予重视。按惯例，学校每年都要印制"报告"发给教师，要求他们填写后交回。卡夫卡的带班老师格施运特在他的报告中，特别提到了学校制定的"校历"，他还对"语法例句汇集手册"作了解释，他说，这些把戏显然是针对学生而来的，这是"一门胡编乱造的扯蛋艺术，让学生在家里编一些东西带到学校里来"。按当时的准则，这位老师是一个自由教育家。

卡夫卡中学同学卡尔·克劳斯提到中学的情况，他略带夸张地说："学校里有许多胡编乱造的东西，它很容易使人联想到其他事情，使人联想的东西越多，人本身所具有的想象能力就会越来越弱；在学校里，学生只要学一点校方提供的材料就行，其他的知识都不用学。"八年中学生活，没有给卡夫卡带来任何想象力。学校将近一半的课时，是用来教两种课堂用语的；所谓历史课，实际上只讲一些古代史；德语课每学期只上三周，课上只讲一些阅读；现代外语、音乐、艺术和体育都不是必修课。卡夫卡的另外一个同学弗利茨在20年后，还多次批评这种华而不实、自欺欺人的教育方法，他说："就今天来看，那所学校的主要错误还是教学不系统，教学计划与教学结果之间有明显的距离。教学计划总是这样的：学习拉丁语和希

腊语,让学生进入古希腊的精神世界;不管现在的教育多么先进,它无论如何也离不开古希腊的精神世界,最杰出的哲学家,也许在他们的大学年代就已经初步达到了那个精神境界。当时的实际效果呢?我们班上大约有40个学生,只有三四个学生的拉丁语和希腊语的成绩特别优秀,他们能勉强地把古代作品逐字逐句地翻译过来。但这些佼佼者,也是盲目地崇拜荷马和索福克勒斯。对古代作品的特殊形式、对作品的独特的、难以模仿的特点,也就是对古代精神的特殊性,他们一无所知。班上十分之九的学生都以优良的成绩通过了中学毕业考试,在他们看来,拉丁语和希腊语是束缚人的教鞭,他们在学习这些古老的语言时,既没有什么乐趣,也没有什么其他的收益,他们只学了一些片言只语,考试以后,便把它们忘得一干二净。"

古希腊的精神世界对卡夫卡来说,也是一个完全陌生的世界。在他以后的日记里、谈话中和给别人的信中,几乎没有提过古代作家的名字。学校每天讲两小时的古希腊文学和拉丁文学,这主要是想让学生在支离破碎的句子中,找到一些语法现象的例句、出处,进而理解、消化这些语法现象。文化史课所教的内容,好像是描写一个歌舞升平、充满生活情趣的节目,这个节目同席勒的《希腊的上帝》完全一样:"品质更优秀、形象更崇高……行为更加英勇,德行尤为神圣……即便是在急迫的时候,美丽闪光的景象也在欢笑。"一个天真无邪的学生,该怎样把这幅七拼八凑的历史画卷,同眼前的实际生活挂起钩来呢?按照他们当时的生活经历,要想把现实生活同古老的历史进行比较,这几乎是不可能的,这就是当时学生对教育相抵触的重要前提,他们没有深入地接近社会,对现实生活只是抽象的理解,而所学的历史知识又是七零八落的,所以无法进行比较。

学校开设的德语课也是没有多大用途的,开设这门课仅仅是为了让学生了解几本教科书,以便他们能够从中断章取义,教科书里废话连篇。教科书里只有一个有意思的东西,那就是当时广为流传的歌德画像。每本教科书的第四页是"诗文朗诵测验标准",它规定五年级的学生必须背诵470行诗,教科书中的作家和他们的诗,是编者随意选定的,有歌德、盖培尔等人的。对学生来说,只有一个标准:学生能朗读就可以通过,并且这些诗还必须用来测试学生的水平。

宗教课的教学方法与德语课不同。但在卡夫卡看来,它也是毫无用途的。卡夫卡在《致父亲》中提到,他所学

到的犹太教知识是一钱不值的,他这样写道:

> 就我所看到的来说,这的确是一钱不值的。在每年的那4天里,你总要到教堂里去,在那里,你随随便便、一副漫不经心的样子,至少,你比其他真正信教的人都要冷漠,比他们都无动于衷。你像履行手续一样做完了祈祷,使我大为吃惊的是,你在祈祷中,能准确地说出颂文的有关段落。此外,如果我在教堂里的话(这才是主要的),我可以随便到什么地方去闲逛,我在教堂里一待就是几小时,不断打着哈欠,有时,我合上眼假睡一会,这样,我对宗教祈祷感到无聊(当然,跳舞时除外),想方设法在教堂里找一些事消遣消遣,娱乐一下……
>
> 这是在教堂里的情况,在家里,情况也许会更加糟糕。只有在犹太复活节的第一天,家里人才有一些宗教信仰,它经常以伴有狂笑的喜剧而结束……在这样的喜剧中,虽然也有不少的犹太教因素,但是,要让犹太教世世代代传下去,那孩子们受的教育未免太少了,就在你传给下一代

时，它就已经滴干流尽了……所有这一切决不是个别现象，在过渡时期的一代犹太人中，多数人都是这样对待他们的宗教信仰的，这一代人是从当时还很虔诚的乡村，移居到城里来的……从根本上来说，决定你一生的，是你对某一犹太社会阶层的信任，你总认为，那个社会阶层的思想是完全正确的。

上面的这段文字，说明了海尔曼对卡夫卡在宗教方面的教育是非常少的。在卡夫卡13岁的时候，海尔曼按照当地欧洲人的习惯，为他行了"坚信礼"，卡夫卡把它看做是"滑稽的把戏，是死记硬背"，因为卡夫卡当时根本不懂希伯莱语。

在中学的最后几年里，卡夫卡对宗教采取了更加坚决的拒绝态度，他说："我还记得，我在中学的时候，经常同一个叫贝尔克曼的同学讨论上帝，讨论上帝的本事，我们的讨论很激烈，有时，我畅所欲言，怎么想就怎么说；有时，我尊重他，根据他的心情和语气，确定我的说话方式；我们经常讨论一份基督教杂志上的命题：钟表和世界、制钟匠和上帝是可以比较的，制钟匠的存在就可以证

明上帝的存在。这个命题多么荒谬！我觉得，我可以在贝尔克曼面前，把这个观点驳得体无完肤。"这说明卡夫卡那时已经不相信有上帝存在了。那时，卡夫卡才16岁，他对反宗教团体"自由派"的观点很赞同，在自然史教师高特瓦尔特的指导下，他阅读了达尔文的书籍，阅读了海克尔出版不久的新书《世界之谜》。因为卡夫卡不相信宗教，对宗教很失望，所以他不得不把探寻真理的目光转向哲学，从中找到精神寄托。

学校和家庭也没有给过卡夫卡任何帮助，因而卡夫卡对学校和家庭也失去了信心。如果一个人缺乏信心，那么，他在外表上通常显得懒散，举止粗鲁，而在卡夫卡身上，这一切都以截然相反的形式表现出来，他衣着朴素，举止腼腆，常常显出局促不安的样子，对待别人总是敬而远之，使人感到他难以接近。他的一位同班同学在回忆卡夫卡时这样说道：

如果让我说卡夫卡的特征，那么，我要说，他身上没有任何引人注目的东西。他一向衣冠整齐，从来不引起别人的注意；他的举止很斯文，穿戴一点也不过分讲究。他觉得学校是可有可无的，只要把它打扫干净一些就行。我们大家都很喜欢他，也很欣赏他。但是，我们从来也不能与他坦诚相见，他的四周好像镶上了一道玻璃墙。他很文静，而且是微笑着，让世界朝自己打开，而把他自己封闭了起来，不让这个世界了解他。要是让我讲其他同学，我能够提供更多的情况，因为他们是我的朋友，很健谈，乐意天南地北地闲扯。我记忆中的卡夫卡是一个身材颀长的人，他充满了男子汉的气质；他温文尔雅，德行好，对人十分和蔼，总是尊重别人，同时，他又拒人于千里之外，使人无法了解他。

后来，有人发现一张卡夫卡这个时期的照片，他斜靠在阳台上，周围栏杆布满蔓藤，他身体挺得直直的，神情有些局促、窘迫；他外边穿着马夹，里面是一件高领衬衫，脖子上系着领带；在外面罩了一件外衣，扣子扣得高高的。他的双臂向两边伸张着，细长的手掩盖在常青藤中；他的鼻子很结实，嘴巴紧闭着，乌黑的秀发垂落在额前，那双灰褐色的双眼，忧郁、疑虑地注视着观众。1916年，卡夫卡在日记里回忆当时的生活，他感到，在那时，

遇事无人商量，更说不上在学校、在家里求助别人了。但是，这一点，他是很晚才认识到的。当时，他早已做出了一个很激进的决定：同外界断绝一切来往。他的一则日记是这么写的：

> 就我的经历而言，学校和家庭只有一个目的，那就是要抹杀我的个性……一个男孩在晚上读书，他正沉浸在一个紧张的故事情节之中。别人就不会用对待孩子的方法，好好告诉他，他该放下书，上床睡觉了……他们粗暴地关掉了煤气灯，把我留在一片漆黑之中，以此来扼制我的个性。他们总说，别人都已经睡觉了，你也应该去睡觉。这我也知道，尽管我不明白，为什么别人去睡觉，我也必须跟着睡觉。可是，我还觉得我必须去睡觉了。孩子们希望改变现状的心愿比谁都强烈。我可以暂且忍受这些野蛮的压制，但是，我的心灵却留下了创伤，这个创伤是治愈不了的。不管怎么说，不管怎样举例子，用广大平民的例子来抚慰我，这个心灵上的创伤总是血淋淋地张开着，我感到无比的委屈……因为别人漠视我的个性

……有一点是可以肯定的,我从来不能从自己的个性中得到某些好处,也就是说,我从来没有持久的自信心。

这则日记说明,当时,卡夫卡的精神世界与周围环境是格格不入的,他是一个"独自冷峻地思考的孩子",已经对别人有了惊人的冷漠态度。后来,卡夫卡与世隔绝,离群索居,这种生活方式在这时已经初步地显露出来。他生活的最后10年,是他主要作品问世的10年,也是他为了冲破已经定型的生活格局而徒劳挣扎的10年。卡夫卡青少年时代的这些经历,对他性格的形成、对他以后的生活方式和文学创作都有重要的意义,在他临终前三年,他在写给挚友马克斯·勃洛特的信中说:"我像一个孩子在成年人中流浪。"一年之后,他在致奥斯卡·鲍姆的一封信中,把这种想法说得更透彻:"从根本上看,我是在孤独、冰冷彻骨、忽而又炽热灼人的童床上接受大人的教育。"卡夫卡十分清醒地认识到,家庭和学校是不会容忍他的个性的,他在日记中写道:"对我的教育是要把我培养成一个与今不同的人。"因此,卡夫卡只能死死守住他眼下的事情,死死抓住这些事情的状况,他想以此同学校、同家庭抗衡。"维持事情的目前状况，不把它搞个水落石出决不前进一步。"卡夫卡变得越来越偏激，由于他拒绝前进一步，所以，他不久就中断了与外界的来往，他不愿意在自己年轻时，全盘接受所遇到的一切新鲜事物，等到自己成年时，再把这些事物加以整理、归纳。他在日记里写道："我小时候，一听到爸爸讲最后或者最后通牒之类话时，心里就充满了恐惧。我没有什么好奇心。我问爸爸，什么叫最后通牒，但是，我迟钝的思维还未来得及琢磨他的回答，就为这简单的一问一答感到满足，心中一丝淡淡的好奇心就无影无踪了。我再也不想追根究底，去问'最后'一词的意思了。因此，'最后'一词对我是个难堪的秘密。"这说明卡夫卡没有好奇心，这不是一件小事，它反映了卡夫卡神经过敏、回避外界的性格，他的同学说，他与外界之间有一道"玻璃墙"，这话是非常准确的。卡夫卡在自己的心中也筑起了一个井井有条的世界，而外界在他的眼中只不过是一堆杂乱的物体。大量的具体事实表明，卡夫卡在中学时，学习成绩出众，老师也很赏识这个文静内向的学生，而卡夫卡本人却根本看不到这一点，他的一则日记写道：

我原来想，高中入学考试我是通不过的，我却通过了；后来，我又想，我在一年级是肯定要蹲班的，我却没有蹲班，我顺利地一步一步跟了上去。可是，我并没有从中获得信心，相反，我一直认为，我越是一帆风顺，最后的结果就会越糟糕。我在梦中，经常看到教授们的可怖集会（中学只是一个比较完整的例子，我周围的其他事情都跟这差不多）。我梦见他们走到一起，研究这件闻所未闻的惊人事件，我这个最愚笨、最无能的人，在各方面都一无所知，却溜进了高年级。我已经引起了公众的注意，高年级马上就要把我清除出来，以讨好那些该从梦魇中解放出来的人，讨好那些理该升学而没有升学的人。

这个"考试之梦"深刻地说明了卡夫卡当时的心理，他讲这个故事的目的，是把对考试的恐惧心理当做幌子，把积郁在内心深处的莫名其妙的恐惧感掩盖起来，他的最后一句话把这种莫名其妙的恐惧威胁揭示得很清楚："引起公众的注意"，这在他的眼里，是世界——一堆杂乱的物体对他的报复。由于卡夫卡心灵受过创伤，所以，他对

来自外界的一切干扰都胆战心惊。不过,他建立的那个自我世界,也有些故弄玄虚的因素。他的一则日记写道:

> 在我还满意的时候,我就……千方百计,用一切时间、用一切可能的传统方法,硬回到不满意的状态中去……我总是不满意,就在满意的情况下,我也是不满意;应该知道,只要做出一系列的努力,那么闹剧也会变成真的。我有幼稚的想法,我的一些游戏充满了幼稚的想法,从这当中,我的精神开始颓唐了。比如,我故意让脸部肌肉痉挛;又比如,我叉着双臂,把它们放在脑后,以这种姿势在坟场上散步。显然,这些游戏不符合孩子天真活泼的性格,但是对我还是有一些效果的。

大概也就是在这个时期,1897年至1898年,卡夫卡开始了文学创作。但是,他从一开始就受到了很多干扰。首先,他本人对自己的作品拿不定主意。其次,更严重的是当时的写作风气对文学创作十分不利。那个时候,谁只要胡诌一些东西,谁就算是在搞"文学创作"。几年以后,卡夫卡对这种风气做了辛辣的讽刺。他有几位同学，胡乱编写了古罗马人的悲剧，编写了所谓《生命交响曲》，并把这些廉价的作品拿到读书会上去朗读。卡夫卡很少参加这个读书会的活动，他从来也没有在那里朗读过自己的作品。卡夫卡在自己的一则日记里，谈到了自己的早期创作，那则日记为我们提供了一个重要的证据，它证明，卡夫卡的早期作品没有"浮夸的词藻"。这则日记同时也反映出，由于卡夫卡非常孤独，除了世界观问题，写作便是他最有意义的事情了。日记中写道：

> 我在刚开始写作的时候，经受了多么大的痛苦啊！我一连写了几天，作品中，像是有一股寒流紧紧追着我，一次，我构思一部小说，写的是兄弟俩互相斗争的事，后来，一个去了美国，另一个留在欧洲，后来又锒铛入狱了。一个星期天下午，我们去外祖父家作客，那里，我抽空写了监狱的景况，在短短的几行里，我描写了监狱的走廊，特别是走廊里寂静、冷酷的气氛，在那个身陷囹圄的兄弟身上，我选用了一些表示同情、怜悯的字眼，因为我觉得，这个兄弟心地还是挺

善良的。倏忽间，我闪过这样一个念头，觉得这部小说没有多大的价值。以前，当自己跟自己熟悉的亲戚坐在一起的时候，心里就忐忑不安；每次，当我和他们一起在那熟悉的房间里，坐在圆桌旁边的时候，我就暗暗提醒自己，自己年纪还轻，只是眼下比较宁静，我才可以和他们坐在一起。以前，我很少注意这个想法。这次，一个爱开玩笑的舅舅突然从我手中夺走了那张纸，他匆匆瞟了一眼，就把它递还给我，脸上没有一丝笑容，然后，他又使劲看了看其他客人，嘟哝一句："一个破玩意！"说完，就再也不吭声了。虽然，我还在那里正襟危坐，像刚才一样，在没用的纸上继续写那个故事，但是在实际上，一记重重的巴掌，已经把我从人群中打了出来，舅舅的话一直在我耳边回响，它都快成了事实。从这一家人的情感中，我看到了这个世界冷酷的地方，我要寻找熊熊的烈火，把它烧得热乎乎的。

卡夫卡不断地孤立自己，刚开始时，好像是个玩笑，但是，这个玩笑逐渐影响并决定了他同家庭的关系，由于他试图并做出了一系列的努力，"闹剧真的开始变成了事实"，他是"寂寞圈子中的寂寞中心"，这就是年轻卡夫卡与他周围环境的关系，尽管这个关系不牢靠。他还是不停地寻找熊熊烈火，要用它把世界冷酷的地方烧得热乎乎的。但是，他所能做到的，仅仅是对集体生活的思念，是想冲破寂寞的决心，在实际行动上看，他做得很少。

为了冲破寂寞的环境，为了使这个世界温暖起来，卡夫卡做了一件在他人生中值得一提的事，那就是，他从16岁那年起，开始同情社会主义，他在这以后，也始终没有改变这个政治信仰。当时，由于历史的局限，这个所谓的社会主义，有它浓厚的个人主义色彩，他主张同别人团结友爱，并且同情马克思主义以前的空想社会主义。与这个事件相关的是，他在1918年，写完了《八开纸本》，在其中，他为一无所有的工人草拟了一份计划草案。有人把这份计划草案同卡夫卡的文学作品截然分开，以为这是两码事，这显然歪曲了卡夫卡的原意。卡夫卡在那一年还参加了"青年俱乐部"的集会，阅读了赫尔岑、克罗泡金特以及贝楚雷的作品，并且就这些作品发表了许多看法，这些都足以证明，卡夫卡确实是一个社会主义者。他在中学考试时，必须写一篇命题作文，作文的题目是"从世界局势

和地理环境谈奥地利的优越性",对此,他感到一筹莫展,无从下笔。第一个把卡夫卡引向社会主义道路的,是他的同学鲁道夫·依罗维,他是捷克人,不久以后,他转变成社会民主主义者,编辑出版了社会抒情诗集。不知为什么,他不久被迫离开了学校。这样,卡夫卡就成了这个班级中唯一的社会主义者。卡夫卡一改以往的形象,不再像以前那样羞涩,而是开诚布公地表示自己的信仰和政治立场。这种状态,与其说是他对当局的抗议,倒不如说他是对环境的反抗和对集体生活的思念。他早就有了这个想法,现在,他把他的思想和盘托出。所以,卡夫卡是一个追求信仰的人,面对周围的挑战,卡夫卡表现出极大的勇气。同所有的高中生一样,他加入了预科大学联合会——"老城区同学会",这是一个普通的德国民间团体组织。一次,这个组织在莫尔道举行活动,会上,大家唱起了《莱茵河畔的卫士》这首歌,整个活动都是按照德意志民族的习惯进行的,对此,卡夫卡做了无声的抗议,他先是默默地坐了一会,一声不吭,最后,他突然冲出会场,愤然离去。

卡夫卡十分向往集体生活,这种向往也表现在另外的方面:他希望结识朋友,他的这个愿望强烈到他都怀疑自

己能否结交上朋友了。在1903年,也就是他高中毕业后的两年,他在一封信中写道:

> 人与人是用绳索互相联结在一起的。如果一个人身上的绳索松开了,那么他就会沉下去,沉到比谁都深的地方,那就糟糕透了;如果某一个人身上的绳索扯断了,这个人就会一头栽下去,那太可怕了,因此,每个人都得抓住其他人。

卡夫卡当时认为,一个人与外界的联系被阻隔之后,只有再与别人加深友谊,才能重新恢复与外界的联系。他在高中的最后几年和大学的头几年里,一直把奥斯卡·波拉克当做自己的朋友,作为自己连接世界的唯一通路。波拉克是班上最成熟、最老练的学生,他的意志十分坚强,并且富于个性,就连他的说话方式、动作都是别具一格的。波拉克很早就对艺术史和自然科学发生了兴趣,他对卡夫卡这位孤僻、内向的同学,处处加以关心和爱护,而卡夫卡则对他报以尊敬和友善,这尊敬和友善的深度和广度是空前绝后的。在卡夫卡与波拉克的友谊中,波拉克起着主导作用。卡夫卡当时还把自己的手稿送给波拉克看,

请他提意见,这足以证明卡夫卡对他的信任。因为卡夫卡很少主动发表自己的作品,他只在朋友的强烈请求下,才朗读自己创作的小说,他也很少征求别人的意见。那时,卡夫卡才18岁,他已经断绝同世界的来往。所以,他比以往任何时候都需要友谊,在大学期间,波拉克逐渐疏远卡夫卡,这时,卡夫卡给他写了一封信,告诉他说:"这么多的年轻人,我只跟你说过话,我同其他人说话只是应酬,这也是为了你;我通过你跟其他人说话,或者说,我同别人说话也是为了谈论你。你对我来说,不仅有着重要的意义,而且,你还像一扇窗户,通过它我才能看到外面的街道。我一个人势单力薄,是没有什么作为的……"

波拉克与卡夫卡的友谊逐渐淡漠,这个举动极大地伤害了卡夫卡的感情,卡夫卡只好去寻找"另外一只可爱的",以求获得精神上的慰藉。

大学时代

1901年7月,卡夫卡顺利地通过了毕业考试,成为一名高中毕业生。这是他长久以来的强烈愿望,他一直盼望着,能尽快地从学校的无情压抑中解放出来,尽情地享受大自然的风光和精神上的自由。他父亲希望他上大学时学法律,他却明确表示,哲学是他所"选择的职业"。然而,他刚上大学时,却选修了化学,这肯定是波拉克出的主意,因为波拉克也选修了化学。但是在14天以后,他又改变了学习方向,他转到了法律系,开始研读法律。他去听关于"古罗马法律枢密院"的讲座,但是讲座枯燥乏味,根本引不起他的兴趣。于是,他在不久以后,又改变了学习方向,改听艺术史讲座,学习有关荷兰绘画、基督教的雕刻艺术等课程;特别值得说一句的是,他还去听了骚尼主持的德国语言文学讲座。当时,奥古斯特·骚尼在不同民族之间的矛盾中,起着一个十分重要的作用。他负责出版月刊《德国人的劳动》,这份刊物的目的,是要向捷克人宣传"德国人在波西米亚的文化功绩",引号里的

短语就是这份刊物的副标题。骚尼还积极鼓励、支持学生约瑟夫·拿特拉编写文学史，公开为"文学是与人种和地理密切相关"的这个理论进行辩护。这个理论就是要夸大人种、民族的作用，他们还为了这个理论寻找了许多的论据。所有这一些，使卡夫卡迷惑不解。在这段时间里，他在给奥斯卡·波拉克的信中，多次对骚尼作了尖锐的批评。卡夫卡对这里的学习生活厌倦了，他再也不愿意在布拉格的德意志大学学习了。他考虑再三，决定去慕尼黑大学深造。不久，他真的去了慕尼黑，并在那里住了几天，后来，他突然改变了在那里继续学习的计划，究竟为了什么，现在也不清楚。有一种可能，那就是，他不愿意把他的业务与职业混为一谈；更大的可能性是父亲海尔曼拒绝为这种"无用"的尝试提供经费。不管是什么原因，卡夫卡还是在布拉格的德意志大学留了下来，没有到外地去。第二学期开始，他又开始重新学习法律。他对法律课程没有任何兴趣，正如他自己所说，只有在考试前几个月，才给自己的神经加一些锯末，那些锯末已经被许多嘴巴嚼过。"罗马公民权"、"古罗马法律格言集（第二部分）"、"合法权益"、"固定资产的强行执行法"等讲座，毫无生趣，不会引发人的任何想象。卡夫卡在听这些课时，经常走神，在讲义的空白处乱涂乱写。这些手迹，有一部分保存了下来。

卡夫卡自从学习法律以后，感觉到很轻松，好像还清了欠家长的一笔账。他只去听必修课，学习8个学期以后，他得到了必要的学分，这样就获得了博士学位。从此，他也为做其他事情获得了一定的自由。在大学期间，他逐渐认清了周围的环境。在同学普里布拉姆的介绍下，他认识了许多工业企业家、教授、豪商巨贾、贵族成员等许多头面人物。这对卡夫卡来说，是一个极好的认识社会的机会。普里布拉姆的父亲是"工人事故保险事务所"的经理，卡夫卡后来在他手下当了一名雇员。

在学期交接的放假期间，卡夫卡几乎总是去农村，看望住在那里的几个亲戚。他去过包赫、施特拉克涅茨，他去得最多的地方是特里。这个地方很小，它位于麦恩附近。他最喜欢的舅舅西格弗里特在那里当医生。在卡夫卡短暂的一生中，他始终很尊敬这个舅舅。他后来写的短篇小说《乡村医生》中，就有这个舅舅的影子。卡夫卡在给马克斯·勃洛特的一封信中，比较详细地描述了他在舅舅那里度假的情况：

我骑着摩托车，在广阔的田野上飞驰向前；我在水中尽情地玩耍；有时，我光着膀子，悠闲地躺在池塘边的草丛里；一个姑娘看上了我，她老缠着我，总是没完没了的。她常常和我一起在公园里玩，有时，一直到深更半夜才分手。我在草地上铺上一些干草，还在旁边安起了一只旋转木马，这便是我的玩乐场所了。有时，这里有暴风雨；暴风雨过去以后，许多树苗都伏倒在水中，我就把它们一棵一棵地扶起来，绑好。在牧场放牧，最好玩了。我白天把牛羊群赶出去，晚上，把它们赶回家来。到了晚上，我要么玩台球，一玩起台球，我什么都忘了；要么，我就一个人出去散步，一直走到很远的地方。

在大自然中，随心所欲地做自己喜欢的事，不受任何人干扰，是卡夫卡最大的追求和愿望，他常常流连忘返，乐不思归。开学了，卡夫卡不得不回到学校。上学期间，他经常去看捷克剧团、德国剧团的演出。他还常常去听"德国大学生朗读演出会"，去听诗人朗读他们的作品。在那里，卡夫卡结识了马克斯·勃洛特。1902年，勃洛特作了一个关于叔本华的报告。他在报告中也提到了尼采，把尼采称为骗子。勃洛特后来回忆说："我做完报告就回家了，卡夫卡陪着我，他比我大一岁，他经常参加其他活动和各种集会，但我们都不太注意对方。要他引起别人的注意，这的确也是很难的，因为他总是一言不发，外表也极为普通，丝毫也没有引人注意的地方……那次，他十分愿意讲讲心里话，比任何时候都直爽。在路上，我们俩谈个不停，话题是这样引起的：他觉得我在报告中，措词过分生硬，他对此不太满意，对我提出批评。"

卡夫卡通过参加各种活动和结识勃洛特，对尼采发生了兴趣，开始阅读尼采的著作。卡夫卡受奥斯卡·波拉克的影响，订阅了《艺术看护者》这本半月刊，当时，尼采是该杂志的一名编辑，这份杂志在年轻人当中有着很大的影响。杂志的出版者费迪南德·阿闻那留斯（该人是否真的是杂志的出版者，还有争论）谈到该杂志时说：这杂志代表着"处女般的自然和朴实"。他坚决反对粗制滥造的文学艺术作品，并说，那种作品在经济繁荣年代到处都是。他还说，自然性和大众化是这份杂志的主要特点，通过它，"艺术家将变得纯正、深沉、更接近自然"，等等。可实际上，杂志是"农屋中所有的东西"——俗气、落

后，由于杂志的影响，这种市侩风气迅速渗进"日耳曼人民"当中。所谓"纯正"的东西常常落归于单纯，为了表示所谓的重要内容，杂志常常采用疏排法。而且，阿闻那留斯所说的这个艺术观其实是华而不实，它追求十分华丽，甚至是狂热的词藻，而不重视内容的重要性。所以，内容空洞、语言华丽成了这种艺术观的重要特征。杂志上的文字，到处都是"无比强大"、"水晶般朴素思想"、"思维老人"、"到处都是郁郁葱葱的春色"，等等。在这种文风的影响下，卡夫卡也曾经追随这种艺术思潮，模仿那种"追求原始"的魔术，追求华丽，玩弄语言游戏，他得了"语言的精神分裂症"。过了相当长的一段时间，到了1903年，卡夫卡才慢慢从这个魔掌中摆脱出来，终于回到了真实、朴素的语言世界之中。这个时候他同奥斯卡·波拉克也最后分手了。卡夫卡经过这段弯路以后，认真地总结了经验，吸取了教训。从此，他对外界的任何事物和知识，更加小心谨慎，决不随便拿来，他更加集中精力，详细地、多角度地观察世界。卡夫卡阅读了大量知名作家的日记、生平和书信，如赫伯尔、艾米尔·拜伦、格里尔帕策的日记，爱克曼的谈话录，歌德、格拉伯的书信，德都巴雷、叔本华、陀思妥耶夫斯基的佐证，等等。卡夫卡

阅读这些书的目的,他在1904年谈马克斯·勃洛特的信时讲得很清楚:

> 世界上有这样一种生活,它没有任何空隙,它是一层一层向上垒起来的。它垒得这么高,人们就是用望远镜向上看,也看不到它的顶端。看到这样一种生活,人们心里是不会平静的。相反,如果一个人的良心受到了严重的创伤,这倒反而好些,因为,良心对咬它的每一口都会十分敏感。我觉得,我们就应该读那些咬人、刺人的书,如果一本书不能给我们一记闷棍,那么,读这样的书还有什么意思呢?是为了让我们跟你在写作时一样,得到一些快慰吗?天哪,那些让人高兴的书,在万不得已的时候,我们自己也会写。我们需要的是会使我们悲痛、不快活的书,就好像我们宁可选择死亡,也不愿继续活下去一样;正像我们在森林里一样,我们孤零零地站在那里,接着又被打到了密密匝匝的树丛里面,这也像我们想要自杀一样;书必须是砸碎我们心中冰海的斧子。

这是一个刚满20岁的年轻人的强烈愿望，他希望看到一些有益的书，把它们当成斧子，砸碎自己心中的冰海。卡夫卡希望自己有"更加敏感一些的良心"和"更加清醒的头脑"。卡夫卡在这段时期，着手创作了一部短篇小说《记一次战斗》，在卡夫卡所有保存下来的作品中，这是他最早创作的小说。小说中写道："我不想再听片言只语，请从头至尾，把所有的情况统统告诉我，不管怎么说，我是不想再听了。这一点，我得给你讲清楚。不过，对整个情况，我还是想知道的，而且，我还很感兴趣。"卡夫卡始终坚持要了解全面整体的情况，这显然包含有理想的色彩。实际上，年轻的卡夫卡一面希望清醒地认识自己，另一方面，他对世界，对自己也有一些惊诧的感觉。他给马克斯·勃洛特的一封信中写道：

一天下午，我睡了一会午觉，当我醒来时，听到妈妈在阳台上同一个人说话，她问楼下的人："你在干啥呢？"她的话声是那样柔和，语气是那样自然。楼下，花丛中站着一个妇女，她回答说："我在这里吃点心呢！"人们是这样有条有理地安排日子，这样自信地过日子，对此，我真是佩服。

卡夫卡对这件事留下了深刻的印象,他把这段文字几乎是一字不差地写进了《记一次战斗》里。一次,马克斯·勃洛特回忆说,卡夫卡谈到了一些很简单的事情,他认为在很简单的事中,也有吸引人的魔力。他对一切人为的、杜撰的东西都不屑一顾,不管那些杜撰作品有多么漂亮,所采取的手法多么高明,卡夫卡都有强烈的反感,他只喜欢简单、真实的东西。为了证明这个观点,卡夫卡还引用了霍夫曼斯塔尔的一句话:"屋里面,走廊上的湿石块散发出阵阵气味。"卡夫卡说完这句话,沉默了好久,没有做任何解释和补充,好像这个句子中的深奥含义是不言而喻的。卡夫卡之所以对一些小事感到惊奇,主要的原因是,他对那些事物不了解,那些事物对他来说是个难堪的秘密,就像一个年幼无知的孩子,看到了一些事情,产生一些简单、幼稚的想法。《记一次战斗》里写道:

> 我没有在任何人身上作恶,也没有别人在我身上胡作非为,但是,总没有人愿意帮助我,我这里没有一个人。

卡夫卡还说过,他对一些事情十分生疏,说:"我觉得自己十分虚弱，心情十分不好，因为我老在观察四周的环境，我太累了，我支持不了了，我把脸靠在了树林里的地面上。我确信，我的每一个动作，每一个想法都是被逼出来的。

在卡夫卡的眼里，世界还是"堆在一起的杂物"，万物是新世界的组成部分，正如《记一次战斗》所写的：它们硕大无比，但还没有竣工，没有定型，只有在读者的目光中，它们才得到必要的装备，成为完整的世界。《记一次战斗》中写道：

> 因为我喜欢松林，所以我就穿越森林；因为我喜欢默默地注视星星，天上的星星就以不同的形状，徐徐地向上升去；在我的街对面，离我大概一水之远的地方，我让一座雄伟的高山挺起身来……这个情况十分普遍。尽管如此，我这个栖身在远处灌木枝头上的鸟，在看到它的时候还十分高兴；我太兴奋了，竟忘了让月亮升起来，这个时候，它正躺在高山后面，也许，它正在生气，因为，我耽误了它，忘了让它升起来了。

卡夫卡用冷峻的眼光，对事物作了详尽、细致的观察。从他描写的事物当中，流露出离群索居、远离尘世的特性。尽管如此，人们还是无法理解他的悲观失望、听天由命的处世方式。卡夫卡喜欢把几种不同的事物联系在一起，这种方式表现在小说里，与梦境差不多，这种方式，正是在他大学期间形成的，他当时的一则日记写道：

  那是许多年前的事了。一次，我坐在劳伦茨山的山背上，心里非常悲伤，我要检查一下，自己对人生还有什么希望和要求。我最大的希望，或者说，对我最有吸引力的希望，是得到对人生的一种看法，当然，我还要用笔把这个看法写出来，让别人相信我的这个看法。这两点——得到某一种看法同表达这种看法，是紧密相连的。我对人生的看法是：虽然，人的一生大起大落，有着明显的变化，但是它又是子虚乌有、是梦幻、是游云。想真心实意地了解生活，这也许是一个美好的愿望。这好比我要做一张蹩脚的桌子，我在做这张桌子时非常专心，一点都不敢分散精力，免得人家说，桌子对我是可有可无的，是子虚乌有；我在这儿专心地做桌子，别人看了，只能说："他真的是在做桌子，他敲的每一下都是实实在在的，但同时，它又是一种虚无。"这样一来，我在桌子上的每一记敲打就更加有力、坚定，更加真实。如果你愿意的话，也可以这么说，这每一记敲打更加疯狂了。但在实际生活中，一个人根本不可能这样去希望得到某件事物，因为，他的希望不是希望，它只是个狡辩，是物化了的子虚乌有，所谓的希望其实是，他给子虚乌有以一点点活泼的表面现象；虽然，他本人还没有故意走近到这子虚乌有之中去，不过，他已经感到，子虚乌有是他的本质要素；这是一种告别方式，当他还年轻的时候，他就是用这种方式告别了这个世界的虚假现象。这个虚假的世界并没有直接欺骗他，而是通过它周围权威人士的话欺骗了他，这样，他才有了这个所谓的希望。

卡夫卡不断探索人生的真谛，在这方面他做了很多尝试和努力，但同时，他又把人生看成是"梦幻"、"游云"，他要与这个荒诞的世界进行决裂，这同与《艺术看护者》决裂一样。在大学期间，卡夫卡不断思索，他对世界的看法也随之变得无情了。

判决、惩罚、审判，这类选材是卡夫卡后期作品的主要内容。许多人认为，卡夫卡以此为作品的主要内容，是受了基尔凯郭尔的影响，但实际上，卡夫卡的小说《判决》、《变形记》完成时，还没有接触过基尔凯郭尔的著作，他只是在1913年才开始阅读这个丹麦哲学家的著作的。卡夫卡的这个创作源头很可能是来自弗朗茨·布鲁兰它诺的哲学。当时，这个学者已经告老隐退，很少在公众场合和活动中露面，而他的三个最得意的学生都当上了布拉格的教授。他们都竭力宣传、推广、传播布鲁兰它诺的东正教学说。这三个学生的名字是：语言哲学家安东·马蒂、奥斯卡·克芬斯和阿尔弗雪特·卡斯蒂尔。卡夫卡在大学里的第二学期，就去听了马蒂的讲座。后来，他还经常参加"鲁符雷圈子"的活动，这个民间团体的主要活动是讨论布鲁兰它诺的哲学，卡夫卡在大学期间，连续四年参加了这个团体的活动。卡夫卡不善于抽象思维，但他的形象思维能力很发达，这个团体的活动对他有长久的吸引力。

布鲁兰它诺的哲学思想是把人的心理现象分成三个基

本等级："想象"、"判断"、"情感活动"。他认为一个人只有选择"已经正确认识的道德行为"，这样，他才能进行"判断"。布鲁兰它诺哲学深受英国功利主义影响，它对一个人道德行为的基础——"想象"和"情感活动"没有做出一个令人信服的说明和论证，它只是简单地强调自我剖析，把自我剖析看成是判断的前提。深受这种哲学思想影响的卡夫卡，对自己也进行了自我剖析，他认为"我们像搜查鼹鼠一样去检查我们自己，当我们最后从隐藏的、用沙土造的地窖里走出来的时候，都蓬头垢面，身上沾满了污垢"。自我剖析，这也是卡夫卡所处的环境所要求的。当时的整个环境都充满了杀机，人们没有可以藏身的地方，只有在自我的王国中才能找到庇护所。因此，不断的反省是必不可少的，"判断"是"已得到正确认识道德行为"的前提，为了得到和不断巩固这个前提，卡夫卡花了漫长的时间，他说："我们在不停地装饰自己，暗暗希望这些修饰品能成为我们的本质特征，当别人问起我们的生活目的时，我们总是习惯地摊开双手，好像对某一事情下断言，是荒唐可笑的、是多此一举。"毫无疑问，布鲁兰它诺的思想方法深深地影响了卡夫卡。这还有另外一个原因，那就是卡夫卡在大学毕业以后，很少如此深入地研究其他哲学流派。他在当时的大量日记中，对布鲁兰它诺的哲学进行了多次描述，并把这些思想渗透到他当时和以后的很多作品中。各种哲学思想也逐渐地指导了他的思想，影响到他的生活和行动。卡夫卡遇事迟疑不决，经常进行自我剖析，喜欢作判断，对一切事物感到既陌生又好奇，胆怯地躲避别人，疏远自己，同时又渴望与别人建立友谊，这就是卡夫卡的性格特点。造成这种性格，布鲁兰它诺的哲学思想起到了重要作用。

在卡夫卡大学生活的最后几个学期里，由于学习非常紧张，他的身体越来越虚弱，发展到后来，根本不能适应快节奏的学习生活。1905年7月初，他不得不去楚克曼特尔，在那里的一家疗养院进行疗养。楚克曼特尔是个小镇，它周围覆盖着大片森林和许多湖泊。卡夫卡想到这里放松一下自己的思想，调整一下绷紧的神经。在他给马克斯·勃洛特的一封信中提到这次疗养："我到西里西亚才四个星期，就同周围的人打得火热，我经常和一些妇女打交道，我变得活跃了……其实，我以前从来没有跟妇女这样近乎过，只有两件事除外，一次是在楚克曼特尔，那一次，她是成年的妇女，我还是个孩子；另一件事是在里伐。"卡夫卡信中提到的两次艳遇，其中第一次就发生在

1905年到1906年之间,他先后两次到楚克曼特尔疗养;另一次是在1913年,这两次都是卡夫卡一个人去的。后来,卡夫卡以楚克曼特尔的艳遇为素材,创作了短篇小说《乡村的婚事准备》(这部小说没有完稿,卡夫卡的很多小说都没有完稿),他在这部小说中,借助于主人公拉邦之口,影射了布拉格沉闷的生活给人们造成的压抑心理:"在城市里,对一切已无益的东西,都可以扔掉,好像这是理所当然的,要是不这么做,人们倒会自怨自艾,吃起后悔药来。以后,那些人就该知道怎么办了。"后来很多研究卡夫卡的学者说:《乡村的婚事准备》,是卡夫卡胆怯地为自己的第一次爱情树起的一座纪念碑。

在楚克曼特尔的疗养结束以后,卡夫卡回到了学校,开始准备毕业考试了。最后冲刺阶段的复习、考试是十分紧张、可怕的,他"全神贯注地给自己添加养料"。他撰写博士论文时,系里指派阿尔弗里特·魏伯尔担任他的博士论文指导教师,这位教授是刚从外地调来不久的,他主讲"国家法"、"民事法"和"政治经济学",卡夫卡通过这位教授,还学了一些保险业务的知识,这对他以后在工人事务保险事务所的工作,有很大的帮助。1906年6月18日,卡夫卡通过了论文答辩,获得了法律学博士学位。卡夫卡的考试记录很简单，上面写着：卡夫卡的论文答辩获得通过，考试委员会共有五票，三票赞成，两票反对。

毕业之后，卡夫卡面对的首要问题，就是今后的求职方向问题，然而，他没有打定主意，徘徊不定。开始，他在布拉格的一家律师顾问所工作，同年秋天，他开始了"法律事务见习"，这是学法律的毕业生所必修的，见习期为一年，后来卡夫卡从没谈起过这一年的经历，他只说在文学创作上一事无成。他选择职业的标准是，他所干的工作既要保证他的自主，不再依靠家庭的接济，而且能够有足够的工余时间，以便他搞文学创作，他要干一项不是工作的工作，同时能挣到足够的钱，为他的生活和文学创作提供必要的物质保证。所以，在见习期满后，他先后拟定了好多计划，如：学习西班牙语，到去维也纳之前的出国培训班学习，或者去南美洲旅游等等。这些计划的一个共同点就是要远离布拉格，并且去得越远越好。经过反复琢磨、酝酿，1907年10月1日，他终于接受了布拉格保险事务协会保险事务署对他的聘请，成了该署的一名临时雇员。

卡夫卡从此开始了独立的生活，这在他一生中，也是一个重大的转折点。在他接触社会后，他几乎没有离开布

拉格。布拉格的社会环境，给他的性格和创作带来了深刻的影响，当然，这种影响在他上学期间也存在的，但是在那时，这种影响是片面的，仅在某些领域里。然而，在卡夫卡见习期间和就业之后，这种影响是全面的、多方位的，它们是无孔不入的，能改变任何事物的。

　　在当时的布拉格，大体主要由三类人构成，一是德国人，二是捷克人，三是犹太人。居住在布拉格的德国人，他们的生活基本上是独立的。卡夫卡在作品中，对这一社会现象进行了大量的描写。当时，虽然德国人还占据着布拉格社会上所有重要的职务，但是他们在整个人口中的比例却是越来越小了，只占总人口的百分之七，从他们所从事的职业来看，他们多数是工业家、地主、董事、银行家、大商人和富有的市民。在文化领域里，他们已经销声匿迹了。然而，从小讲德语的青年一代，在社会上有很大影响，他们感到老一辈在文化领域里变得麻木不仁，在很大程度上对老一辈不满，所以这些年轻的德语作家的生活方式和生活内容就大致形成了一种共同的模式——反对前一辈人在精神上的麻木不仁。这些年轻的德国作家抱成一团，很少让捷克作家参加他们的活动，他们在自己的社交圈里互相吹捧，所以，他们很少发现有才华的捷克作家，甚至有天赋的作家也常常被拒之于门外。捷克作家们也自然地抱成一团，在他们的小圈子里开展活动。没有一个德国作家精通捷克语。在这种情况下，犹太人的处境更加艰难，在德国人和捷克人两大阵营中，犹太人是无依无靠的，他们不属于任何一个阵营。

早在1897年，反犹太主义的奠基人台奥多·海策尔就嘲弄犹太人说："他们究竟干了些什么？那些犹太小人，他们是一群乖乖听话的商人，在沉寂的布拉格居民中，他们是最缄默的人。在布拉格，人们骂他们，因为他们不是捷克人，在扎茨和艾格尔，人们也骂他们，因为他们不是德国人……他们究竟应该站在哪一边呢？他们当中，有些想成为德国人，但是他们还没有这么做，捷克人就向他们猛扑过去，反之，他们想成为捷克人时，德国人也向他们猛扑过去……人们只要仔细观察一下波西米亚犹太人十分尴尬的处境，就会知道，为什么他们总是遭人白眼，为什么他们为人效劳却得不到好报。波西米亚的这两个民族，捷克民族和德意志民族，很早就不满犹太人，在他们当中流传着一个贬低犹太人的故事：两辆邮政马车在一条狭窄的小道上相遇了，两辆车上都坐着一个犹太人。两个驭手各不相让，他们挥舞着马鞭向对方吆喝道："你抽我车上

的那个犹太人,我抽你车上的那个犹太人!"现在,波西米亚人把这个故事改变了一下,他们在故事末尾加上这么一句话:"我也抽我自己车上的犹太人!"

帕孚尔·艾斯纳对布拉格犹太人的境况及他们的排外情绪作了较为准确的概括,他把犹太人的生活状况比喻为:从宗教隔离区进入社会隔离区。在那些犹太人中,他们对宗教的信仰被文化、社会关系代替了,商业上的交往代替了一切。这代犹太人没有给子女留下分文遗产。卡夫卡在《致父亲》中,就称自己是"被剥夺了继承权的儿子"。卡夫卡对父亲既憎恨又爱戴,所以他在继承权这个问题上,更多地看到了自己的命运而忽视了普遍状况,因为当时布拉格的大部分犹太人家都是这种状况。但是,卡夫卡在其他的许多方面,对社会的普遍情况是有比较充分的认识的。

在布拉格,几乎每一个作家都以不同的方式支持或加入某个党派,只有卡夫卡例外,他终生不参加任何党派组织,他拒绝了一切团体、政党向他发出的邀请。在党团与个人的交界线上,人们不可能对事物保持一定距离,不可能以批评的目光来观察一切。正因为卡夫卡对许多事物不能保持一定的距离并对他们持中立的态度,不能对他们进行客观的批评，所以，他总认为自己"胡乱写就的东西"价值不高，对自己的作品一直持怀疑的态度。卡夫卡在后来的日记中说："我很少离开过个人与团体之间的交界地带，与其说我是在这个孤独地带生活，倒不如说我是在这个交界地带落户，同鲁滨逊的小岛相比，我这个地方气氛活跃得多，风光也很好。"

　　与卡夫卡同时代的其他作家的作品在题材和内容上与卡夫卡是不同的，他们的作品都回避了孤独、寂寞的内容。在布拉格的这种环境里，产生了许多下流低劣的作品，作品里充满了大量的色情和压制性欲导致变态的描写，塑造出一个又一个杀人犯、麻疯病患者、开妓馆的男人、性格十分怪癖的人、喝得酩酊大醉的人、幽灵、互相酷似的人、癫痫病患者、白痴、侏儒……作者为了逃避现实，才描写这些怪人，他们使用的文字，好像是喷过香水的文字杂技，里面含有大量的牵强附会的比喻和故弄玄虚、矫揉造作的形容词。几乎所有的布拉格学派的作品，都不能摆脱这种语言风格的影响，这些作品好像很有文采，词汇好像很丰富，但这正是语言贫乏和拙劣文风的另一种表现形式，这同卡夫卡冷静、朴素、精炼的语言有天壤之别。正因为这个原因，他的同代作家对他提出过许多不同的看法，很多人不赞同他，但也有人对他十分欣赏。卡夫卡与布拉格学派区别开来，还有一个重要原因，那是由德语在布拉格的特殊地位决定的。弗利茨·冒特纳说过："波西米亚的德国人被当地的捷克人包围了，他们说的德语是干瘪的，它不但缺乏大量具有当地特色的词汇，而且没有灵活的口语形式，他们的语言是贫乏的。"在当地的居民来看，"布拉格德语"在当地的各种语言中是首屈一指、独占鳌头的，没有任何一种语言能与它媲美。但是，"布拉格德语"不仅在发音上，而且在语法结构上，特别是在词汇方面，都同标准的德语有明显的区别。当时，在一家名叫《波赫米亚》报纸当编辑的亨利希·特威尔斯特说过这样的话："我们的语言就像一条河，它流到我们这里，都快全部渗到沙泥中去了，我们不是天生的德国人，我们是经过培训后，才成为德国人的。"在种族隔离的环境下，布拉格德语，越来越成为国家资助的节日用语了，在这种语言里，滥用词汇、堆砌形容词和修饰语的现象非常普遍。

卡夫卡是在旧城区里长大的，广泛地接触了捷克人，了解他们的生活，能熟练地用捷克语交谈和写作，这是布拉格学派当中的任何作家都做不到的。卡夫卡在文学创作中，十分注意语言的纯正性，很少用外来语，他的句子结构自然平淡，用词简洁朴素。与《艺术看护者》的偏激文风决裂以后，他决定尊重客观事实，从生活和人民中吸取养料，寻找语言素材。在卡夫卡创作初期，他在作品中还对事物的外貌进行比较详细的描写，并进行一些评论，后来，"宛如"、"好像"之类的比较连词逐渐消失了（而布拉格学派的作家恰恰过多地动用这些词），他认为，每个字都有其内在的力量和含义，作者不用进行过多的描写和评论。在卡夫卡的主要作品中，描写和评论都不见了，它要求读者自己去思考、评论。他的这种特征受到了当时很多作家的责难，这也正是卡夫卡的风格。

步入社会

1907年,24岁的卡夫卡在见习期满后,成了布拉格保险事务署的一名雇员。在参加工作后不久,他把工作的感受写进了日记里:

现在,我虽然有了一份工作,而且每月能挣80克朗,每天工作八九个小时。但是,我的生活像一团乱麻,乱得很;我像野兽一样,贪婪地吞掉工作以外的所有时间。我的一天生活局限在三个小时之内,我现在还不能习惯过这种生活。我还利用工作时间学习意大利语;我总要在户外度过宜人的夜晚;当我在下班以后,从拥挤的人群中挤回家时,才出了一口气。

在保险事务总署里,我老是这么想:要是能在遥远的国家里,坐在办公室的沙发上,凭窗眺望远处的甘蔗田,眺望穆罕默德坟场,那就好了。我对保险事业很感兴趣,但我眼下的工作却是令人失望的,它使我的心情低落。

我老是埋怨自己的工作,但这一回,我埋怨时间,它太懒了,总不肯流逝,我特别厌恶这时间,我对自己的工作没有这样厌恶过,办公时间总不能化整为零吧,就是在最后的半个小时里,我也得像第一个小时一样,深深地感到八小时工作对我的压力。这好比坐火车,经过夜以继日的旅行之后,旅客们都疲倦了,于是,他们再也不去想,机车里司机在不停地工作,他们会多累啊!他们也不再去看窗外的景色,无心过问窗外是平原还是丘陵,他们根本没有心思去这么想了。他们把所有的苦闷、倦意一骨脑地归于手中的表,好像手表有过错似的……所有干类似工作的人都有这样的感觉,只有八小时办公的最后一秒钟,才能像跳板一样,使他们一下子快活起来。

我没有什么故事可讲,也找不到任何人,我不过天天急匆匆地去散步罢了。我先是穿过四条胡同,我老是这样走,胡同口的角落都让我磨圆了,然后,我再穿过一个广场。我实在太累了,我没有精力去实现那些计划。也许,我会伸出手

指,渐渐地向上攀登,最后爬到树干的顶端……这不仅是偷懒,这也是我的恐惧,我害怕写作,写作是一种可怕的劳动,但不进行这项劳动又将是我最大的不幸。

上边这则日记,卡夫卡运用了很多比喻去写他的工作,这些比喻也生动地写出了卡夫卡对这份工作的内心感受。他当时工作的保险事务所,各种规章制度不但很多,而且要求很严,它规定:"如果工作需要,雇员也应该在非工作时间进行工作,他们不能因此而计较报酬";"没有经理部的正式书面许可证,任何雇员不得擅自担任任何职务或名誉职务;如有违章行为,已发的许可证可以随时收回"。至于雇员的假期,公司是这样定的:"根据雇员本人的要求,经理部可以准予他每年休假十四天",而假期的起始时间,要由经理根据工作的节奏和安排而定。卡夫卡没有别的办法,他不得不接受这些苛刻的要求,这是因为他要尽早离开布拉格这个"见鬼"的城市,"在遥远的国家里,坐在办公室的沙发上,凭窗远眺",他的这个愿望一天比一天强烈。同时,这也是因为他希望离开父母,过独立、自由的生活。这时,他所承担的义务和兴趣爱好第一次发生了冲突，他说："虽然，我尽量不过分地去考虑这些事情，但是，我毕竟还是要自食其力的，所以，我不得不好好考虑一下自己的工作与生活，我因此失去了统观全局的可能性，我好像走进了一条狭窄的山隘，在那里，我不得不低下头来。"这最后一句"我不得不低下头来"，就充分地说明了卡夫卡对这份工作万般无奈的矛盾心理。

卡夫卡参加工作之后，可以说是步入社会了。但是，他还像原来一样，并没有直接接触社会的能力，他了解社会还是通过朋友这扇窗户进行的。卡夫卡与奥斯卡·波拉克的关系疏远以后，马克斯·勃洛特起到了窗户的作用。

在卡夫卡参加工作的开始几年，他们之间的友谊不断发展，勃洛特的友谊成了卡夫卡生活中不可缺少的重要组成部分。卡夫卡通过勃洛特去认识周围的环境。在假期里，卡夫卡总是跟勃洛特一起去意大利北部、去巴黎、去魏玛或者瑞士旅行；勃洛特还带卡夫卡去布拉格的音乐咖啡厅、夜总会和咖啡馆，把卡夫卡引进了布拉格文学家的行列。勃洛特参加文化活动比卡夫卡积极得多，他给卡夫卡介绍许多同龄的朋友，通过他，卡夫卡结识了弗立克斯·魏尔志，并与之建立了深厚的友谊。魏尔志对人十分和蔼，他是个反犹太主义者，研究哲学，并经常对社会的丑恶现象进行尖锐的批判。马克斯·勃洛特还经常鼓励卡夫卡在朋友中读自己的作品，因为卡夫卡胆怯、羞涩，不愿在公开场合显露自己；他还鼓励卡夫卡创作新作品，并为卡夫卡作品的问世花了大量心血；他多次劝阻卡夫卡，不要与世隔绝；他发现卡夫卡的才华比任何人都早，并且被卡夫卡的为人深深打动，他说过这样的话：

> 在卡夫卡身上，我发现有一种十分特殊的气质，这是我在其他人身上，包括一些有影响的著名人士在内，不曾发现过的……卡夫卡从来不说一句空话，他的气质是以一种特殊的方式表现出来的，这种表现方式在近几年来越来越自然了。他是那样的独特、富有耐心，对生活充满了信心。他对世界上愚蠢的东西，既十分小心，又敢于讽刺。因此，他也有苦涩的幽默。他总能抓住事物的核心，即"不可摧毁的东西"，拒虚荣、自鸣得意和愤世嫉俗的人于千里之外。他身上所表现出来的，就是这种观察世界的方法。只要他在场，日常生活就不停地变化，一切都变得像我们第一

次看到的那样，给人一种新鲜的感觉，虽然这种新鲜感是以一种凄苦，甚至是令人沮丧的方式表现出来的。在上述各方面，卡夫卡不仅对我，而且也对许多人都有影响。当时，只有我一人认识到，他的作品具有很高的价值。其实，他并不需要著作去施加影响，他本人就很有影响。虽然，他刚露面时会显得有些腼腆，但是任何一个有修养的人，都能立即察觉到他的特殊气质。

勃洛特以旁观者的眼光去感觉卡夫卡，对他的评价非常高，但卡夫卡不但感觉不到这些优点，而且对自己各方面能力都非常怀疑。卡夫卡对勃洛特也是十分钦佩的。他在一则日记里写道："我自己几乎完全处于马克斯·勃洛特的影响之下。"他赞赏勃洛特充沛的精力，欣赏他从事文学的积极性，这种积极性在卡夫卡看来是不可思议的，1907年，他给勃洛特的信中说："你需要的是大量的工作，我毫不怀疑你这个需求，尽管我无法理解这一点。"卡夫卡也很赞赏他的出众的交际能力和连续工作的能力，谦虚、无私的精神。茨威格对勃洛特的这种精神做过以下描写：

我又见到他了，正如我第一次见到他那样，这个26岁的小伙子，身材矮小，显得很单薄，但他是一个十分谦逊的人……他对我讲了斯梅塔纳和雅纳契克，他一味地讲别人，唯独不讲自己，对自己创作的歌曲和奏鸣曲，他只字不提，当别人问起他自己的作品时，他就三言两语搪塞了过去，转而又对一个默默无闻的人开始称赞起来，那人叫弗朗茨·卡夫卡。勃洛特称赞他说，他是新时代真正的叙述大师和心理描写大师。我谈到勃洛特自己创作的诗歌，他赶紧避开了话题说，在学校的板凳上坐着一个名叫弗朗茨·魏尔弗尔的人，他是当代最伟大的抒情诗人之一，他这个年轻的诗人，就是这样，对他眼中的伟大人物总是忠心耿耿、充满敬意。

卡夫卡和勃洛特互相尊敬，结下了深厚的友谊。

在这期间，卡夫卡创作了《乡村的婚事准备》这部小说，在小说的人称上，分为"人们"和"自我"，小说的主要人物像是小孩子们做危险游戏，只有"人们"才参加活动，只有躯壳才被送到乡村参加婚事的准备工作，而

"自我"则留在家里，变成了一只大甲虫。小说中写道：

　　我在那里劳累过度，累垮了，就算休息一个假期也缓不过劲来。但不管我怎样干，别人都不会仁爱地对待我，相反，我总是孤身一人，举目无亲，没人过问我、关心我，别人只是出于好奇才看我一眼。如果你在应该称呼"我"的地方称呼"人们"，那么，这样的称呼就是白费劲，这只能成为别人的笑柄；但是，如果你自己承认自己是称呼错了，那么，你就会被人骂得狗血喷头，你就会惊慌失措……是我自己把自己分成"人们"与"自我"，我又怎么能埋怨别人在笑话我呢？也许他们对我的嘲笑是有理的，但是我实在太累了，不能去认识所有的事情。

　　一切想要折磨我，并且已经占领我周围一切空间的人，会随着时光的缓缓流逝，被慢慢地挤到一边去，我为此不需要做什么事情。而我自己呢？我可能会变得虚弱、沉寂，我会让所有的事情站在我的面前——把它们自己讲清楚，而且，要讲得十全十美、无可挑剔，这只能通过岁月的

流逝才能做到。

此外,我总不能像淘气的孩子一样去工作,我不必亲自去农村,这完全没有必要,我只要派我衣冠楚楚的躯壳去就行了,它摇摇晃晃地走向门外,一到了外面,它的摇晃就再也没有恐惧的意思了,它的摇晃成了晃动着的虚无。如果我的躯壳在台阶上摔倒了,它嘤嘤啜泣地去农村,在那里一边哭泣一边吃晚饭,如果这样的事情发生了,也不值得什么大惊小怪的,因为,这时,我正躺在床上,盖着黄、棕两色相间的被子,沐浴着从微开的窗户吹进来的和风。

我确信,当我躺在床上的时候,自己是一只大甲虫,或者是一只蟑螂,要不就是一条玉米虫子。

我是一只大甲虫?是这样的。我是这样安排大甲虫形象的:它好像正在冬眠,我把自己小小的脚紧贴在大肚子的躯壳上,低声嗫嚅着,对我的躯壳发出了命令,我的躯壳这时正在离我不远的地方卷曲着身子,显得很悲伤。不一会,我命令下完了,躯壳深深地鞠了一躬以后,便悄悄地走了。我安闲地躺在床上，顺利地办完了一些事情。

上面这段情节表现了梦幻一样的境界，卡夫卡上中学时，就有过类似的梦境，他梦见教授们突然聚集在一起，研究他顺利升学这件不可思议的事。卡夫卡小说中的"梦境"与他生活中的梦境的性质是一样的——说明他感到自己与现实格格不入，想逃避现实，唯恐外界的任何事物侵入他的内心世界，想用自己的躯壳与现实抗衡，以便把真正的"自我"严密地包裹起来。后来，卡夫卡在创作《变形记》时，就不再承认有这种恐惧感了。1913年，他得意地把这种看法写进了日记："在我心中，一切人与人之间的关系显然都是谎言，只有界限的圈子才是纯正的。"

由于卡夫卡在保险事务署的工作十分紧张，他在那里工作期间，完全中断了文学创作。也恰恰是由于这个原因，卡夫卡在那里工作不久，就开始到处找工作。1908年8月，他被"波西米亚王国工人事故保险事务所"聘用了，从此之后，直到1922年退休，卡夫卡一直在那里工作。这个保险事务所的工作条件，在卡夫卡看来优越得多，主要是工作时间短，下午2点就下班了。这个事务所同旧奥地

利的许多机构一样,官僚作风、玩忽职守、磨洋工等弊病都严重存在,财政连年亏损,达15年之久,直到1908年,也就是卡夫卡到那里去工作的这一年,保险事务所换了一位新任经理,局面才稍有好转。开始,卡夫卡担任助理职员,1910年升为起草文书的秘书。在卡夫卡的"工作表"上是这样记载的:1913年他被提升为"副书记员",1920年为"事务所书记员",1922年升为"高级书记员",时隔不久,也就是1922年7月1日,他因病过早地退休了。

保险事务所的职员大多数是捷克人,他们把卡夫卡看成是一个"官员子弟",虽然"他没有朋友",但大家都很喜欢他,乐意请教他,请求他帮忙。他的一个同事回忆说,卡夫卡习惯向一个雇员口授计划,让雇员把计划用打字机打出来。那个雇员在经济上很拮据。有时候,他只好向卡夫卡借钱,而卡夫卡总是有求必应,而当那个雇员还钱时,他总是说:"你有困难,需要有人帮助,我就给你这一点点的帮助,这算不了什么!"他从不接受雇员还他的钱。

他工作不久,卡夫卡的同事看到了他的才能,他的上司也向他颁发证书,嘉奖他"卓越的制订计划的能力"。卡夫卡为保险事务所拟定了很多报告,其中有几份年度预算报告被保存了下来，从中我们可以了解卡夫卡的工作情况。卡夫卡的工作包括处理抗议书，因为许多工厂的资本家不愿意说他们的企业有危险，他们抗议工人事故保险事务所按工伤事故的可能性把工厂企业分成若干危险等级。他的工作还包括给大企业家讲授法律知识，促使他们采取预防工伤事故的措施。卡夫卡必须竭尽全力，通过保险事务所的年终报告、报纸的化名文章等各种渠道，阐述保险事业的重要性，以排除来自不同方向的阻力，特别要排除"有一些保险业务知识的大企业家"的阻力。因为这些人总是不择手段、千方百计地不交纳保险金，或者想出各种理由，故意拖延交纳。当然，一些工人对保险也存在着不以为然的态度，存在着侥幸心理，以旁观者冷淡、消极的立场看待保险事业，因此，我们也可以看出，保险公司所面临的问题，正像卡夫卡在报告中所说的："工人事故保险事务所所面临的问题，同保险业本身没有多大关系，它所面临的问题，主要是企业代表对保险业缺乏足够的认识，他们也不懂保险事务中一些技术性问题，因此，在错综复杂的问题上，他们总是权衡自己的得失，最后选择了抗拒这条路，就是与工人事故保险事务所相对抗，走这条路最简单、最方便了，因为人们不需要为此找理论上的根

据。"卡夫卡经常到大企业中去征集保险资金,同时催促采取必要的措施,安装必要的防护设施,防止和减少伤亡事故。

他还受理过法律诉讼案件,处理、解决过伤亡事故。在这些大量的具体工作中,他接触了不少的企业和许许多多的工人,看到了事故发生以后工人们遭受的悲惨命运,因为得到的保险赔偿金少得可怜。所以,卡夫卡在处理、汇报工伤事故的报告中,提出了许多看法和建议,多次主张完善防护措施。如他有一份关于改善电锯上安全轴的报告写得就十分详细。他写道:

插图上所示是四角轴和圆轴,它们在安全防护性能方面有明显的区别。四角轴的刀把是用螺丝直接固定在转轴上的,机器开动时,锋利的刀刃以每分3800至4000转的转速高速旋转;刀轴与桌面之间有一个很大的空隙,这十分危险。工人在这种转轴旁工作时,不是对这种危险视而不见(这样危险性就更大),就是明知道这样干很危险,还是冒险地干下去。在把加工件推向刨刀时,工人必须十分谨慎,他必须十分注意,每一节手指都不得高于加工件，只有这样，才能避免手指被飞刀切落。这样的设备实在是太落后了，这样的生产方法实在是太危险了，事故随时都可能发生，这不是稍微小心一些就能避免的。当工人用一只手扶在工作面上，另一只手把木块推向刨刀时，加工件经常会滑落，这时，就是平时十分小心的工人，也不可避免地会让手指带到旋转的刀口之中。木块向上翘起或者往回打滑，这样的情况是始料未及的，也是不可避免的，因为，只要加工的木块有一处变形，或者是枝节横翘着，只要刀把转速不够快或者运转不正常，只要压在加工件上的手用力不均匀，那么，事故就发生了。在类似的事故中，工人的几节手指，甚至是整个手指会被切断。

　　面对这种危险，不仅是所有的操作规则，而且是所有的现成的安全防护设施都无济于事，它们远远够不上安全防护的要求。人们为了避免事故，用铅制的护推器操作，这个推进器会自动盖住运转的刀口，或减少刀口露在外面的面积，这样一来，又有了出事故的危险，因为推进器并没有留下足够的空隙，让转子排除木屑，这样会经常造成刀缝堵塞，工人就会下意识地用手去排除木屑，这样事故就发生了。试把四角轴同圆轴作个比较（四角轴为圆轴的一种），圆轴的刀把装在挡料板上，十分安全可靠，刀把的两端是锲子和刀轴，手就不容易被卷进去。

从防护角度看，这种装置的优点在于，只有刀刃露出轴面，这一点十分重要，这样一来，人们就可以把所有的刀把装在转轴之内，在生产中可以采用很薄的刀把，不必再担心它会不会折断。

采用这种装置以后，一方面，手不会再卷进四角轴刀的刀缝中去了，另一方面，即使手指卷进刀缝，最多也只会留下一些轻伤，划开个口子或擦去一点皮，它不会导致生产的中断。

由于企业的抗拒态度，生产防护设施改善的速度非常缓慢。在这几年里，卡夫卡接触了很多受伤的工人，他们都是因为工厂生产过程中安全防护措施不完善而致伤致残的，很多工人伤残之后生活非常悲惨，而资本家却无动于衷。起初，卡夫卡怀疑保险事务所的作用，后来，他逐渐认识到，这种状况是很久以来形成的，不是哪一个人就能改变的，他对保险事务所彻底失去了信心，气愤地称它为"添置的官僚窠"。他对马克斯·勃洛特曾经说过这样的话："那些工人是多么谦逊啊！他们到这里来，是向我们乞求的，他们不是来捣毁工人事故保险事务所，把一切砸个稀巴烂，他们是来乞求的。"

这段时期，卡夫卡对社会问题越来越关心了。他在中学时期就很关心这方面的问题，那时他就是一个社会主义者。与他相反，侨居在布拉格的德国人目光如豆、碌碌无为、思想十分浅薄，卡夫卡同他们形成了鲜明的对照。他经常一个人去参加捷克著名政治家所召集的群众集会，他还订阅了马赛里克主编的报纸《瓦斯》，通过它了解政治和时事。卡夫卡不愿意别人知道他在社会活动这方面的事情，就连马克斯·勃洛特他也没有告诉过。他曾经参加过社会民主团体"青年俱乐部"的集会，在一些竞选集会上，卡夫卡聆听了民主主义者克拉马尔博士、民族社会主义者克劳伐克，特别是社会民主主义者苏古帕的竞选演讲。苏古帕的观点是：德国人民对其他民族的占领是不光彩的，这种占领马上就要完蛋了，"妥协将导致全民族的和平"。1912年，他作了关于美国选举制度的报告，卡夫

卡把报告中关于选举的一些细节都记了下来，后来，他把这些竞选方面的材料，进行了文学加工，写进了他的长篇小说《美国》（又名《失踪的人》）中的竞选场面里。

卡夫卡除了参加"青年俱乐部"的社会活动以外，还参加了工人协会"维乐姆组织"的活动。1910年10月，青年俱乐部再一次被官方取缔了，《波赫米亚》报对此作了报道：

> 一个无政府主义青年组织被取缔了。警察总署取缔了当地一个无政府青年组织"穆拉底契俱乐部"——"青年俱乐部"，因为这个组织煽动反军国主义的情绪，传播危害国家的思想。昨天早晨，警察搜查了该组织理事会成员的住所，没收了许多书籍、刊物和图片。理事会一成员的母亲想阻止警察的搜查工作，并辱骂政府当局，甚至在光天化日之下大打出手，她已经被捕，被送到刑事法庭处置。

但是，实际上"青年俱乐部"并不是什么"无政府组织"，这个组织，由若干个活动小组组成。组织的领导人是符拉斯塔·波雷克，组织通过报告会和群众集会，宣传社会主义思想和反帝国主义等"危害国家"的思想，号召工人起来罢工，反对战争。1909年10月，在巴黎公社成立四十周年之际，他们举行纪念报告会，纪念"自由学派"的创始人朗基斯科·弗厄尔，卡夫卡出席了这次报告会。其实，很久以前，卡夫卡就是"自由学派"的成员了。有关材料记载了卡夫卡参加社会活动的有关情况：

他经常一个人坐在那里，大家都不认识他。他是一个冷静、专心致志的听众，在他的桌上总放着一杯啤酒，但他很少去呷一口。当时，募捐活动很普遍，在他们开会的大厅出口处，就有人在搞募捐，目的是援助被捕的政治犯，援助正在罢工的波西米亚北部的矿山工人，并且为组织筹集资金。在场的人都慷慨解囊，一般人都捐献几个赫勒或者几十个十字印，捐献盾的人却很少。应邀前去听报告的弗朗茨·卡夫卡捐献了五克朗，他很实在地把钱给了出去，一点都不做作，以引起别人的注意。1912年，卡夫卡还参加了在"大布拉格"大厅举行的集会，与会者群情激昂，波

雷克发表演说,强烈抗议反动势力在巴黎杀害无政府主义者里雅波夫。不一会,整个集会被警察扰乱了,人群也被警察驱散了。在这样的场合里,像弗朗茨·卡夫卡这样的高个子,是不太容易躲过人们的耳目的,他自己也不想躲。警察和与会者扭成一团,殴斗的人群汇成一股股漩涡,面对这种情况,卡夫卡显得格外镇静,他以为,像他这样搞法律的人,是可以免遭逮捕的,所以,他待在那里没动。但结果他还是被捕了,被押到附近的一个警察局。在那里,警察的态度一般不十分严厉,闹事者只要付一盾的罚款,或者挨一顿鞭子以后再坐24小时的禁闭,就可以万事大吉了。卡夫卡每天都准时上班,他从来没有迟到过,他付了一盾的罚款就把这事了结了。

在第一次世界大战爆发的前几年,卡夫卡同捷克政治界的一些先驱者接触很频繁,像弗拉那·斯拉麦克、斯·克·罗奥曼、弗朗梯克·朗根,等等,这些人物当时还没有出名,但后来,他们都是非常重要的人物。在那时,卡夫卡不断接触和熟悉了社会主义的基本理论。另外,他还经常去芳泰先生家里，参加那里的报告会和晚会，这些活动是由药剂师芳泰先生的太太贝尔泰·芳泰举办的，这个人手脚很勤快，活动能力也很强。在他家里，布拉格的一些佼佼者经常聚集在一起。在他们当中，有数学家柯伐莱·符斯基、物理学家弗兰克、哲学家艾仑弗尔斯和年轻的阿尔贝特·爱因斯坦，当时他正在布拉格任教。在那里，卡夫卡听了关于相对论、马普朗克的量子理论、心理分析学基础等报告。这时，卡夫卡的主要作品还没有问世，他接受了当时世界最新的重要理论和科学成就，这些为他的文学创作起到了重要的作用。

　　在芳泰家集会的人们宗教信仰不同，有伊斯兰教、佛教，还有无神论，等等。对宗教问题，他们各抒己见，在这种环境里，卡夫卡又一次重新考虑宗教问题。起初，卡夫卡对鲁道夫·施太纳发生了兴趣，这是以前从来没有过的。卡夫卡一直受到僵死、教条宗教观的影响，宗教活动对他来说是可有可无的，是滑稽可笑的。因此，他无法，也没有兴趣去自由地研究和探索宗教问题。当然，卡夫卡反对误解宗教，利用宗教，在宗教问题上故弄玄虚、附庸风雅，同时反对一切的宗教派别。由于东方犹太教比其他教派活跃得多，所以，卡夫卡对这个教怀有好感。卡夫卡第一次接触到东方犹太教派是在1910年到1911年期间。当时，莱姆山的犹太人德语剧目演出团去布拉格访问演出，在正统的犹太人眼里，演出团里的演员不是受冻挨饿的可怜鬼，就是游手好闲的浪子，他们不是真心实意地信仰犹太教，而是依照葫芦画瓢，跟在别人后面学学而已。至于他们的演出，更是让人看不起，许多人都说它是蹩脚的玩意，就连演出的地点也遭到了许多犹太人的种种猜测和怀疑。卡夫卡则与他们相反，他很喜欢这个剧团，他经常去观看这个剧团的演出，而且，他还同剧团的一个名叫耶茨查克·罗维的演员交上了朋友，卡夫卡还为罗维组织了犹太人德语报告晚会，并且亲自在报告会上致开场白，他与罗维成了好朋友。在以后的几年里，他俩一直保持着书信来往，7年以后，卡夫卡还在楚劳为罗维校阅一篇回忆文章。

卡夫卡在大量的日记里，详细地记录了该剧团的演出，长达100多页。这时期，卡夫卡还第一次阅读了一本简介犹太人民历史、犹太德语文学史的书。这是一部大部头的著作，卡夫卡读得很认真，还在书上注了许多字，这本书被保存了下来。从中我们可以了解到，他的宗教基础知识很差，如什么是耶路撒冷的哭墙，它是怎么来的，有什么意义，这些他都不懂。这方面知识的缺乏，给他造成了不少压力，虽然他不断地努力，但由于基础太差，所以一直也没有取得多大的效果。他在1917年致马克斯·勃洛特的信中说，只有犹太教的所有派别、团体的总和才具有犹太民族的特性，不管自己心情如何，只要一接触到犹太教，就倍感亲切，除了犹太教，一切事情都是毫无意义的，自己是勉强才去做其他事情的。他一直断断续续地学习希伯莱语，但是到了1921年，他还说他"脚下没有坚实的犹太人土地"，一直到他去世的前半年，他才去柏林"犹太高等学校"听课，在那里比较用功地学习希伯莱语。

在卡夫卡这一代犹太青年中，有许多人赞成犹太复国主义。而卡夫卡对犹太复国主义持双重态度，他不理解，也不赞成一些鼓动论战的宣传，而且，对那种宗教方面的经院式学究气也持怀疑态度。在1912年前后，他曾经对这种学究气进行研究，也参加了一些犹太复国主义的运动，他这样做只有一个原因，从那时起，他开始认真观察巴勒斯坦的新居民点，观察这些新居民点的组织方式和生活情况，以及建立这些居民点的殖民地化企图。出于研究的目的，他才去参加犹太复国主义运动。1912年至1913年，他多次打算到巴勒斯坦去旅行，他对巴勒斯坦的情况很感

兴趣，特别是巴勒斯坦人简朴的生活方式，自愿互助会里团结无私的精神，这样的生活离他很远，所以强烈地吸引着他。但由于种种原因，此计划一直没有实施。

在这期间，卡夫卡进行了几次长途旅行。1909年9月他去里伐旅行，马克斯·勃洛特及其弟弟奥托·勃洛特与他一起去的。途中，他们遇上了"布雷夏的飞行团"，观看了飞机行进表演、试飞，卡夫卡被这样宏大的场面感染、震撼。不久，他的作品《布雷夏的飞机》问世了，这是他最早发表的作品之一，在德语文学史上，这大概是最早描写飞机的作品了。1910年，他去巴黎旅行，与他结伴的还是马克斯兄弟。1911年8月，他与马克斯·勃洛特一起去意大利北部和巴黎，旅行结束后，卡夫卡让勃洛特先回去，他自己在苏黎世附近的艾伦巴赫疗养院休息了一个星期。1912年7月，他和勃洛特一起去魏玛旅行，像上次一样，旅行后一个人在哈茨山的容包纳自然疗养院住了三个星期。卡夫卡做这些旅行，是想冲破布拉格铁桶一样沉闷、紧张的生活。

后来他说："我在布拉格过的是什么生活啊！我需要人，我有这个要求。但到这个要求得到满足时，它又变成了恐惧。只有在假期中，我才能有这个要求。"1912年，卡夫卡同马克斯·勃洛特作了最后一次旅行。同时，1912年对卡夫卡来说也是一个关键的转折点，在这以前，卡夫卡的基本状况尚未定型，他在日记中这样写道："我主要的问题是老有那种恐惧感，要是在1912年，我还有力量，我能保持清醒的头脑，那时，我还没有因劳累过度而疲惫不堪，我要是真能远走高飞，那该多好啊！"

关键性的转折

1912年,是卡夫卡人生的关键时期,从这以后,他几乎断绝了同外界的一切来往,他几乎不再结交朋友,也不再进行长途旅行了。他变得极端僵化、孤独。但这以后,一直到他离世,也是他主要作品产生问世的时期。

卡夫卡这一时期废寝忘食,勤奋写作。《西沛里昂》杂志决定刊登卡夫卡的一些早期作品,如《树木》、《衣裳》、《拒绝》、《商人》、《心不在焉地朝外张望》、《回家路上》、《一个匆匆跑过去的人》、《旅客》、《记一次战斗》中的两段对话,等等。在卡夫卡这次发表的剧评文章里写道:"那些人远离团体,他们不需要什么庇护,对他们来说,没有什么无法理解的东西;因为他们自己是一团黑暗,所以没有必要去增强自己的体质,那是因为,如果他们要保持高尚的品质,那只会白白消耗自己的精力,使自己憔悴不堪,以致别人在伸手帮助他们时,不可避免地伤害了他们。"

1912年9月22日,卡夫卡通宵达旦地写作,创作了短篇小说《判决》，小说一脱稿，他就立即把自己当时的心情写进了日记："故事在我面前发展，我是在水中向前跋涉，我是何等的紧张和兴奋啊！我都到了如痴如醉的地步。夜里，我多次使出浑身解数，斟酌着，怎样才能把心中的一切感情全部表达出来，才能为一切，为我觉得最生疏的事情燃起一堆熊熊的烈火，让那些事情赶紧过去，让它们赶快复活……我的想法再次得到了证实：在创作长篇时，我的创作热情，我的才思处在低潮。我只能像写《判决》一样进行写作，只有在这种情况下，只有这样敞开自己的灵魂，我才能写作。"这里所说的"写作低潮"指的是他在创作长篇小说《美国》，他两易其稿，但最后也没有完成，后来他的两部长篇小说《审判》和《城堡》也和《美国》一样，没有最后完成。

1912年12月卡夫卡完成了著名短篇小说《变形记》。这部小说写一个叫格里高尔的推销员，一天早晨醒来"发现自己躺在床上变成了一只巨大的甲虫"。在这之后他从父母那里得到的不是怜悯和同情，而是厌恶。最后他孤独、凄然地死去。在这里，"人"在社会的压力下完全丧失了自己的个性尊严，"为每天的面包所感到的忧虑摧毁了一个人的性格，生活就是如此"。卡夫卡通过这篇小说

说明，如果当时条件下的成千上万的人都不同程度地感觉到自己已异化成了别的什么，小说就告诉大家：人变成了虫。卡夫卡把本来源于现实的梦魇还原成了现实——变了形的、却十分真实的现实。小说中写道：

……他仰卧着，那坚硬得像铁甲一般的背贴着床，他稍稍抬头，便看见自己那穹顶似的棕色肚子分成了好多块弧形的硬片，被子几乎盖不住肚子尖，都快滑下来了。比起偌大的身躯来，他那许多只腿真是细得可怜，都在他眼前无可奈何地舞动着。

"我出了什么事啦？"他想。这可不是梦。他的房间，虽是嫌小了些，的确是普普通通人住的房间，仍然安静地躺在四堵熟悉的墙壁当中。在摊放着打开的衣料样品——萨姆沙是个旅行推销员——的桌子上面，还是挂着那幅画……

……格里高尔的眼睛接着又朝窗口望去，天空很阴暗——可以听到雨点敲打在窗槛上的声音——他的心情也变得忧郁了。"要是再睡一会，把这一切晦气事统统忘掉那该多好。"他想。但是完全办不到，平时他习惯于侧向右边睡，可是在目前的情况下，再也不能采取那样的姿势了。无论怎样用力向右转，他仍旧滚了回来，肚子朝天。他试了至少100次，还闭上眼睛免得看到那些拼命挣扎的腿，到后来他的腰部感到一种从未体味过的隐痛，才不得不罢休。

"啊，天哪，"他想，"我怎么单单挑上这么一个累人的差使呢！长年累月到处奔波，比坐办公室辛苦多了。再加上还有经常出门的烦恼，担心多次火车的倒换，不定时而且低劣的饮食，而萍水相逢的人也总是泛泛之交，不可能有深厚的交情，永远不会变成知己朋友。让这一切都见鬼去吧！"他觉得肚子上有点痒，就慢慢地挪动身子，靠近床头，好让自己把头抬起来更容易些：他看清了发痒的地方，那儿布满了发痒的小斑点，他不明白这是怎么回事，想用一条腿去搔搔，可是马上又缩了回来，因为这一碰使他浑身起了一阵寒战。

卡夫卡的创作能力极为不稳定，在1912年的9月22

日至 12 月 6 日这短短的 74 天里,他写下了长达 400 多页的书稿。这包括短篇小说《判决》、《变形记》、长篇小说《美国》第二稿的前三章。另外还有他给未婚妻写的 30 多封信。而 1913 年 2 月到 1914 年 7 月这一年多,他却什么文学作品都没写。卡夫卡自己也把 1912 年看成一个决定性的转折点。他在给未婚妻的一封信中,谈到小说《判决》:"在那个故事中,每个句子、每个字(如果可以这样说的话)、每个音符都与'恐惧'有关,在漫漫长夜里,创伤第一次崩裂了。"卡夫卡这个时期的话题,总是围绕着"幽灵"、"恐惧"等字眼,围绕着已经逝去的时间,"没有过错的过错",围绕已经渺无人烟的国家、飘浮不定的云朵和虚无缥缈的子虚乌有。卡夫卡注意到了自己的内心世界和精神状态,因此便产生了恐惧感,正如基尔凯郭尔所说:"这是无辜的秘密,无辜就是恐惧。在自己的灵魂里,做梦一样地反映出来自己的真实面目,可是这个真实面目却是子虚乌有。"从这时起,在卡夫卡的日记和书信中,不断地出现"恐惧"这个词,"恐惧"的含义是多方面的,全方位的,他恐惧外界侵入他的内心世界,恐惧自己以后没有好好生活而吃后悔药,恐惧子虚乌有,等等。1913 年,卡夫卡第一次阅读了基尔凯郭尔的著作,书中对

"恐惧"下过这样的定义:

当恐惧害怕它自己时,它就同恐惧对象保持着一种诡谲的关系。它的目光就再也离不开这个对象,而且,它也不愿意离开,因为,当某一个人想把目光从那个对象上挪开时,他就会感到后悔。如果有人觉得我的话是难以理解的话,那我也没有办法,我不能对此作进一步的解释。我可以这么说,如果有人想当上帝派遣的起诉者,如果他有这样的坚定意志,而且,他要起诉的不是别人,而是他自己,那么,这个人就能理解我的话。此外,人生还为我们提供了足够的现象,在这些现象中,处在恐惧中的个人,几乎是贪婪地注视着罪孽,虽然他是害怕罪孽的……鉴于这种情况,人们必须耐心地等待,直到某些人出现,那些人会置自己的天赋于一边,他们不选择广阔的道路,而是选择痛苦,选择灾难和恐惧……同时,他们还失去了引诱他们的东西,无法再对那些东西垂涎三尺。这是一场斗争,这场斗争无疑是很艰苦的,因为,人们不久就会对这种选择感

到厌烦、悔恨，他们会悲痛地，有时甚至会绝望地回想起自己从前的欢乐生活，他们会这么想：如果他们没有做那种选择的话，那么……

卡夫卡读了这段内容之后，在日记中写道："我觉得，虽然他的情况同我有一些根本区别，但我们俩还是十分相似，至少，他生活在生活的此岸，他像朋友一样，证明我是正确的。"1922年，卡夫卡在写给马克斯·勃洛特的信中说："悔恨为什么还不停止？我得出的结论总是这样的：我本来可以好好地生活的，可我没有在生活。"卡夫卡常常认为自己不像在生活，想要打破这种生活，与外界取得联系，又对外界充满了恐惧感，他就在这种恶性循环中不断地折磨自己、摧残自己。最后只能逃避现实，不停地进行写作，他认为只有大量地写作才能证明他生活是对的。1922年7月，他在给马克斯·勃洛特的另一封信中，也谈到了他的想法：

> 我害怕任何一个微小的变化，害怕任何一个对我来说是伟大的行动，因为这样做会引起上帝对我的注意。

昨天夜里，我辗转反侧，难以成寐。我在阵阵作痛的头颅里，反复考虑自己所遇到的一切事情，那时，我重新认识到，我是生活在非常贫瘠的土地上，或者说，那些土地是根本不存在的，我是生活在一片黑暗之中。在一片漆黑之中，黑色的暴力随心所欲地猛冲过来，不管我怎样结结巴巴地为自己辩护，它还是毁了我的一生。只是写作保护了我。我是否可以说得更确切些，写作保存了我的这种生活。我并不是说，我要是不写作生活就会好过一些，我没有这个意思。恰恰相反，如果没有写作，我的生活就会更加糟糕，就会变得无法忍受，我就会以发疯而了却这一生。所以，我生活的先决条件是，当一个作家，不写作的作家是一个地地道道的窝囊废，他最终会神经错乱的。但是，当一个能写作的作家又是一种什么滋味呢？写作是甘甜的，是一种极为丰厚的报酬。但这是对什么事情的报酬呢？到了晚上，我才清楚地认识到，这是对神差鬼使般功绩的报酬。只要作家在阳光下写作，他们就不会知道，他们实际上是委身于漆黑一团的权势，并在给与生俱来的僵化思想松绑，他们还令人生厌地互相拥抱，等等。只要在阳光下写作，他们是不会知道这一切的。也许有其他的写作方法。但我就知道这么一种。夜里，我因恐惧而难以入眠。这时，我清楚地看到，在这种写作方式中，有一种幽灵般的东西。虚荣心和寻欢作乐的欲望在嗡嗡地作响，它们不停地围着我和一个陌生人的身躯打转。这个欲望和虚荣心所做的动作五花八门，它们形成了一个虚荣的太阳系。幼稚的人有时候会这样想："我马上就死去，我要亲眼看看，别人是怎么为我哭泣的。"而当作家的，则是不停地把这个想法付诸实施。他不断地死去，并为自己伤心地哭天抹泪，所以，作家都有一个害怕心理，这个害怕心理并不一定表现为害怕死神，它可以表现为对细微变化的恐惧……对死神的害怕心理，从原因上看，可以分为两种：第一，作家害怕死亡，因为他还没有真正地生活过。我倒不是说，要生活就非有妻室、土地和家畜不可；我认为，生活的必要条件是：放弃自我享受的念头。不要去欣赏住房，不要为它装饰粉刷，人们应该搬到屋子里面去住。也许有人会说，这就是命运，没有人能驾驭它。但是，事后人们为什么总是要后悔呢？为什么悔恨总是萦绕一个人的心际，久驻不去呢？难道人们是为了把自己装扮得更美丽、更富有魅力？这也许是其中的一个原因吧。可是，除此之外，我在那些不眠之夜所得出的结论是这样的：我本来是可以好好生活的，但是我没有在生活。第二个主要原因——也许只有一个主要原因，可是我现在无法把它们区别开来——是这样一种想法："我所玩耍过的东西真的要出现了，可是我却不能通过写作赎回自己。"

长篇小说《审判》写的是一家银行的高级职员约瑟夫·K，一天早晨醒来忽然无缘无故地被某个法庭逮捕了。这个法庭并非国家的正式法庭，但它有比国家法庭更大的权力，所有人都在它的监督之中。法庭对他宣布了逮捕令但并不限制他的行动自由，他可以像往常一样过日子，但只要开始审判，就必然认定有罪，不能得到赦免。在这个法庭眼中，根本不承认有罪和无罪的区别，区别只是：已经找上你和暂时还没有找上你。他回想不起来自己犯过什

么过失,有谁可能会控告他,于是他开始设法反抗法庭。他四处求人,甚至到法庭上声辩。他力陈自己无罪,还进一步指出:在法庭的行动后面,"有一个庞大的机构在活动着。这个机构不仅雇佣受贿的看守、愚蠢的检察官、最大优点便是明白自己不中用的预审法官,而且还拥有一批高级的甚至是最高的法官,这些人还有大量不可缺少的听差、办事员、警察及其助手,或许还有刽子手呢……"为什么要有这个庞大的机构呢?不外乎是诬告清白无辜的人,对他们进行荒谬的审讯。但奇怪的是他本可以逃避迫害,他却偏偏不,结果他连自己到底犯了什么罪也不明白,就在一个晚上"像一条狗似的"被处死了。在作为刑场的"人迹罕至"的小采石场上,他也不进行抵抗。小说中,K想过:"我好像一直找女人帮忙,先是布尔斯特纳小姐,后来是房主的妻子,现在是这个小仆人,她看来对我怀有一种莫名其妙的欲望。"他由于与莱妮、律师的女仆有瓜葛,而错过了与律师、与法律事务所所长谈话的机会。

《城堡》的情节是这样的:主人公K一天晚上踏着雪到了一个城堡所管辖的村子,准备第二天进入城堡。他的目的是想请求城堡当局批准他在村子里安家落户。他冒充

233

城堡雇佣的土地测量员，奇怪的是，城堡当局居然恰好在这时给他派来两个助手。不久，一个叫巴纳巴斯的信使又给他送来一封信，肯定已聘请他为伯爵工作，并告诉他他的顶头上司是村长。于是他要巴纳巴斯当向导领他去城堡。城堡就在不远的小山丘上，但他怎么也走不到。走了很久，到达的却不是城堡，而是巴纳巴斯的家。K想见城堡的统治者伯爵，伯爵是人人皆知的人物，但奇怪的是人人都没有看见过他。K又想去见城堡的大臣克拉姆，但仍找不到和大臣联系的途径，为此，他在一家客店勾引了大臣的情妇弗丽达，想通过她和大臣取得联系，但事与愿违，反而造成他与大臣会面的障碍。他苦恼万分，却又收到大臣找人带来的信，信中对他的土地测量工作大加赞扬。K被弄得莫名其妙，因为他根本没有进行什么土地测量工作。原来这封信是从城堡当局的档案柜里翻出来的多少年前的旧东西。以后，满心疑惑的K继续想尽种种办法和城堡当局联系，但连他的请求送到城堡没有，送到了哪一级，他都无法知道。他从别人那里听到了许多关于城堡的事，越听越觉得城堡充满了神秘色彩，越听他越是糊涂。例如，给他当向导，并在他和城堡之间传递信件的信差巴纳巴斯居然也不能肯定自己是否见过大臣本人；他根

本不知道谁是这个大臣,因此几乎每次到城堡去都是空跑。后来K和城堡之间的联系中断了。

最近几年,一些学者对《城堡》和《审判》进行了进一步的研究,发现了这样一个有趣的现象:这些小说的素材都有作者自传的成分,换一句话说,如果小说的某些情节被充实、放大,就形成了卡夫卡的基本生活模式。在卡夫卡的作品中,妇女在不同程度上,都被描写成了妓女。所以,同她们是不能结成良缘的。男人们同这些妇女的暧昧关系来得非常迅猛,男女双方在狂热的云雨当中失去了理智。在很多情况下,这种男女关系的发生,主要是因为主人公对异国他乡的好奇心。通过这样的描写,积存在卡夫卡心头的愿望——渴望在集体中生活,就会得到一些满足。因为在现实生活中,过集体生活是一种理想,其可能性是完全不存在的,如果说有这种可能性,那么写作必须完全中断。这真实地反映了卡夫卡为了保持"纯洁"而进行的战斗,这场战斗是激动人心的,也是自杀性的,它充斥了卡夫卡最后十年的生涯。早在1907年,卡夫卡就写信告诉他的女朋友说:"如果你对我有一些感情的话,这感情只是怜悯,我对它的回报是恐惧。"卡夫卡后来的生活,只是在无法过集体生活这个前提下,才开始为建立小家庭作了种种尝试。他说:"我已经长大成人了,该为婚事操操心了。我像是一个商人,终日忧心忡忡,心头总有一种不祥之兆。或者,我的账目混乱不堪,稀里糊涂地又过了一天。"

1912年12月4日,应维利·哈斯和布拉格"海德尔协会"的邀请,卡夫卡第一次在公开场合上朗读自己的作品,朗读的作品是他的得意之作《判决》。卡夫卡一生中,在公开场合朗读自己的作品总共才有两次。几个月后,这篇小说发表在马克斯·勃洛特编辑的年鉴《阿拉卡》上。与此同时,卡夫卡的第一本书问世了,这是一本选集,共选了18个短篇,选集的名字叫《观察》。这本书稿是卡夫卡通过马克斯·勃洛特转交给罗浮尔特出版社的,这家出版社是1908年成立的,1913年改名为库尔特·沃尔夫出版社,这家出版社后来还出版了卡夫卡的其他许多作品。1913年,它在《近日新书》第三卷中,发表了卡夫卡《美国》的第一章《火侠》。卡夫卡十分欣赏这家出版社,他说:"他是作家们公认的、有天赋的出版家,这个可亲的出版家——是一个十分英俊的人,25岁左右的年纪,上帝赋予他对出版事业的强烈兴趣和搞出版事业的天赋。"库尔特·沃尔夫尽量满足作家的要求,做到有求必应,尽管

卡夫卡的作品印数通常只有800~1000册，只有《火侠》、《变形记》、《判决》得以重版，但是沃尔夫对卡夫卡一点都没有架子，他愿意出版卡夫卡的作品。

三次解除婚约

1912年8月13日，在马克斯·勃洛特的介绍下，卡夫卡结识了费丽丝·鲍尔。后来，卡夫卡与她两次订婚，两次解除婚约。他们两人的接触，断断续续一直到1917年，在这个过程中，他们两人共写了500多封信和明信片。1912年8月，卡夫卡的日记写道：

8月13日，我去勃洛特家里，费丽丝·鲍尔小姐正坐在桌旁，好像一个女仆，她究竟是什么人，对此，我并不想急切地知道，我只是立即做出决定，准备凑合着与她交朋友。她的脸庞清癯，骨骼宽大，这张毫无表情的脸把她表现得一清二楚。她的脖子赤裸着，身上披着一件外衣，从她的装束上看，她是个十分节俭的人，但我后来知道她并非如此。我挨着她这么近，以致我们俩在感情上有些疏远了。我那时是处在一种什么样的状态中呢？我不理解这件大喜事，反正，我是不相信

会有这种大喜事的……她的鼻子几乎是塌下去的，棕色的头发稍微有些硬，缺少魅力，当我在椅子上坐定时，已经对她有了一个不可磨灭的评价了。

9月20日，也就是在《判决》问世的第二天，卡夫卡第一次往柏林写信。费丽丝·鲍尔在柏林一家名叫"帕罗格拉芬"的公司里工作。卡夫卡在信中告诉她，自己想到巴勒斯坦去旅行，其实，这件事对他们俩的关系都不大。费丽丝对这封信只做了简短的回答，在这以后的3个星期里，费丽丝对卡夫卡的来信都表示缄默。后来，卡夫卡想通过马克斯·勃洛特做工作，争取费丽丝的回信。卡夫卡给勃洛特写了一封长信，告诉他自己被一些无聊的事所困扰，得不到别人的安慰。当时，卡夫卡的父母和妹夫联合开办了"布拉格第一石棉厂"。他们要求卡夫卡每天下午必须抽空照看工厂。他在信中说道：

我伫立在窗边，把脸紧紧贴在窗户的玻璃上，我要是纵身跳下去，肯定会把站在桥头上收买路钱的人吓一跳，我很适宜这么做。可是，在这段时间里，我觉得自己太坚硬了，所以，把自己摔到路面上去，摔个粉身碎骨的决心老下不了，这个决心只停留在表面上，它没有决定性地向纵深发展。我也觉得，活着能比死去更好地保证创作的进行。我可以在写完长篇小说的开头部分以后，在14天以后，继续进行写作。在这段时间里，我可以面对心满意足的父母亲，在工厂里、在我创作的小说中间自由自在地活动，以这种方法把自己保存下来……不过，到了今天早晨，我对这件事再也不能保持缄默了，我一个个地憎恨他们，我暗中想，我在14天以后，再也不跟他们打招呼了。夜里，我不是躺在床上，静静地入睡的，而是呆在屋外，不停地恨他们，同时，我也恨我自己；可是到了白天，我比晚上更没有主意。

这段时期，卡夫卡还把自己的一篇日记，稍加改动，作为随笔以"大声喧哗"为名字在《海德尔报》上发表，文章写道：

我坐在自己的房间里，这是整座住房喧哗声的集中点。我听到，住房里的所有房门都在啪啦

啪啦地作响，它们发出的嘈杂声压倒了人们的脚步声；我还听到，有人在厨房里呼呼地关灶门；爸爸猛地一下冲进我的房子，他还穿着睡衣，急匆匆地走过我的房间。不一会，隔壁的房间里传来嚓嚓的扒灰声；瓦利在前厅一句一字地问爸爸，他的帽子是否已经擦干净了；爸爸回答时，发出一股嘘嘘的声音，他可能想要同我亲近些，可是这么一来，他的声音就显得更乱了。住房上的门铃响个不停，发出巨大的喧哗声，这声音好像是一个黏膜炎的喉咙发出来的。一个女人的唱歌声夹在这巨大的喧哗声中，更加嘈杂。紧接着又传来一阵低沉的男低音，这声音真有些肆无忌惮。突然，所有的声音都戛然而止，万籁俱寂。爸爸走了。现在，一种稍微柔而漫不经心、绝望的嘈杂声开始了，这声音是两只金丝雀发出来的。金丝雀的叫声又唤起了以前有过的念头：我是否应该把门开成一道缝，像蛇一样爬到隔壁的房间去，跪在我妹妹和她的小鸟面前，恳求她们安静下来。

马克斯·勃洛特收到卡夫卡的信后，立即到卡夫卡父母那里，反复劝说，让他们收回了让卡夫卡每天下午到工厂去的要求。他同时也给费丽丝去了两封信。因为费丽丝与卡夫卡接触一段时间以后，发现卡夫卡的举止行为有些异常，为此她心里感到很不安。勃洛特在信中恳求她"对弗朗茨近乎病态的多愁善感的状态多加安慰，应该知道，这是一个不平凡、出众的人物，人们应该特殊对待他，应该对他表示谅解和亲善，帮助他避免一切冲突"。

1912年10月23日，卡夫卡终于收到了费丽丝的回信，从这时起，他俩之间来往书信数量随即猛增，每月通信达二至三封，有时竟达到四封。在信中，卡夫卡向费丽丝介绍自己的家庭情况和自己今后在创作上的打算，并告诉她有关创作《美国》、《判决》、《变形记》等小说的情况。同时，他也谈到了自己的作息时间。我们从中可以了解到，自9月中旬以来，一连几个月，他的写作时间不够，写作能力因时间的制约而发挥不出来。他开玩笑地称自己见缝插针的写作方法为"策略生活"：上午8时到下午2时是办公时间，下班后他就回家，3时左右午睡，一直到晚上7时半才起床，然后，他或者与朋友一起，或者一个人，去散步一个小时；散步回来同家人一起吃晚饭，晚上11点左右，卡夫卡便开始伏案工作了，他往往工作

到第二天凌晨两三点,有时还要更晚一些。

卡夫卡在刚开始同费丽丝通信后不久,就在一封信中明确地告诉她,即使对她有思念之情,那么,也是同写作有关的。在以后的几个星期里,随着卡夫卡同费丽丝关系的不断密切,他的这些话也越讲越明确,越来越直截了当了。卡夫卡认为费丽丝同她的朋友马克斯·勃洛特一样,是一个可靠、坚强、平静和勤勉的人,他可以对她畅所欲言。所以,当费丽丝有一次向卡夫卡暗示说,她自己同卡夫卡所想的完全相反时,卡夫卡便恼火地说,她这是要换一身衣服,并要同他一起来恐吓她自己。

12月初,卡夫卡通知费丽丝说,他圣诞节不准备去柏林了。这个节日本来是他们俩重逢的一个好机会,然而,卡夫卡却放弃了这个机会。当时,他正忙于《变形记》的结尾工作,他恐怕外界给他带来任何麻烦,就在他向费丽丝倾诉衷肠时,他也不忘向她说明:他们俩要结婚是一件十分困难的事。卡夫卡摘录了一首诗送给费丽丝,诗的名字叫《寒夜里》:

    寒夜里,我埋头读书,
     忘记了,这已经是就寝的时间。

绣金的棉被上的芳香，
只留下淡淡的一片，
炉子里的火已经熄灭。
我那美丽的女郎，
忍不住一脸的嗔责，
她夺去了我手中的灯盏，
问我：
"你知道，现在是几点？"

多年来，卡夫卡一直很喜爱这首诗，在卡夫卡给费丽丝的信中，经常谈到这首诗，他认为，这首诗极好地注释了他自己的基本情况。卡夫卡根据这首诗向费丽丝提出了一个尖锐的问题：如果诗中的"女郎"不是"我"的朋友，而是"我"的妻子，诗中所说的那个寒夜仅仅是个例子，它代表了夫妇生活的全部情况，那么，她将怎样看待这一切。因为这首诗极准确地反映了卡夫卡进行文学创作的作息时间，他问她如果作为妻子，能否耐得住这种独守空房的寂寞。

整个1912年，费丽丝除了与卡夫卡相识时在勃洛特家见过一面之外，再也没有见过卡夫卡，对她来说，1912年

就这样平平淡淡地过去了。她的心情十分忧郁，对他们之间的事做了种种揣摩和猜测。对此，卡夫卡也多次说过："如果我曾经不是因为写作或者与写作有关的事情而感到高兴过，那我就没有写作的才能。那么，一切都会来个天翻地覆，而且，这场天翻地覆马上就要来临。"费丽丝也很清楚，卡夫卡是知道马上就要翻天覆地的，因为卡夫卡已经多次向她这样暗示过：他已经失去了写作才能。他因写作《变形记》而中断了《美国》，这部长篇小说很难再继续写下去了，他绞尽脑汁，才勉强写了几页。到1913年1月，这部长篇小说的写作完全停止了。这时，卡夫卡想构思另外一部小说，他计划写一篇名叫《艾恩斯特·里曼的故事》的小说。但是这个计划也没有得到实施。其实，在1912年，他创作《判决》时，原是准备描写一场战争的，但是在写作过程中，他把积郁在内心的想法全部倾诉了出来，最后竟写成了《判决》这样一部小说。

1913年，卡夫卡是在第7本四开本里记日记的。在这个四开本的最后一页，他写了这么几行字："这本日记以费丽丝开头，她在1913年5月2日扰乱了我的生活；我也用这个开端结尾。"1913年至1914年上半年，卡夫卡没有写出一部大部头的作品。新年开始，他想用体力劳动结束

"自我折磨",这是他以前多次采用过的方法。他长时间地在户外散步,在家具加工厂打短工,还进行骑马、游泳、划船等活动。卡夫卡非常喜欢划船,他在莫尔岛河上有一条自己的小船。从3月份起,他每天去布拉格附近的托洛雅果园劳动。

复活节期间,卡夫卡第一次去了柏林,看望了费丽丝。在圣灵降临节,他又一次去了柏林,这一次,费丽丝把她家里的人向卡夫卡一一作了介绍。在这以后的一段时间里,卡夫卡一直反复考虑,是否应该正式向费丽丝的父亲提亲。但是,我们也应该看到,这期间,卡夫卡的日记里写的,都是与订婚格格不入的想法,使人对他"考虑订婚"这件事的动机产生怀疑。他在日记里写道:"我要不顾一切地得到孤寂,我只有我自己。"8月15日的日记写道:"我要不顾一切地同所有的事情、同所有的人断绝关系,我要同所有的人结仇,我不要同任何人说话。"但是恰恰在这同一天,他却给费丽丝的父亲去了一封信,正式向费丽丝提出求婚(这封信没有保存下来)。之后,他就急切地等待着回音,信发出后第6天,他万分烦躁,不等费丽丝父亲的回信,就迫不及待地草拟了第二封信,这封信是这样写的:

您犹豫再三，对我的请求迟迟不予答复，这是完全可以理解的，在女儿的求婚者面前，每一个当父亲的都会如此。但是，决不是因为您没有回信，我才给您写这第二封信，我殷切地希望您这么做，我的心都快要沸腾了。我之所以给您写这第二封信，那是因为我怕您会犹豫不决，或者说，怕您会就事论事，就像对待一般的婚姻一样去考虑我的请求。我恐怕，您没有注意到我在第一封信中所表露的真实思想，我在那封信中写了那么一段，目的就是要表露我的真实思想。我在那一段里这样写道：我无法忍受自己的职业。也许，您想跳过这句话，不去细细地琢磨它，但是，您不应该这么做。您应该追根究底，问个仔细，为什么我会不能忍受自己的职业，这样一来，我就不得不向您作一个简要、真实的回答了。

我无法忍受自己的职业，这是因为，它同我唯一的需求、同我唯一的爱好是背道而驰的。因为我仅仅是一个从事文学创作的人，我不可能，也不想成为其他的人，所以，我永远也不会对目前的工作感兴趣，它只能彻底地使我神经失常，我很快就要发疯了,最高强度的紧张状态紧紧地缠住我,一刻也不放松。今年是我和您女儿的前途充满忧虑和磨难的一年,它已经证明,我是没有丝毫抵御能力的。也许您会问我,我为什么不放弃这个职业,去专门搞文学创作呢?我对此的回答是,我没有这个能力,因此,我只能做可怜的回答:我没有这个能力。而且,从我对自己处境的总的看法来看,我正在这个职业上走向毁灭,极其迅速地走向毁灭。

敬请您把我同您的女儿作一个比较。她是一个健康、快乐、自然、坚强的姑娘,不管我在500多封信中多次强调过,也不管她怎样用"不"字来安慰我,她的话并不令人信服,事实还是如此。从我看到的来说,她跟我一起生活是不会幸福的。我是一个愤世嫉俗的人,这不仅仅是因为有外在的原因,更重要的有我内在的原因,我的性格内向、沉默,不喜社交,而且,我并不把这看成是我的不幸,因为这些性格特点反映了我的生活目的,人们至少可以从我在家里的生活方式中,找到答案。我生活在父母的家里,生活在最善良、最可亲的人中间，但是，我在家里比陌生人还要感到陌生。在最近几年里，我每天同妈妈的谈话，平均不到20个字，同爸爸我只是应付一下而已；我在同已经出嫁的妹妹和她丈夫谈话时，心里总是憋着一股气，原因是，我同他们没有一丁点共同语言。我对一切不是文字的东西都感到无聊、厌恶，因为它们打扰我，或者说是耽误我，尽管我也知道，我这样的看法是错误的。我对家庭生活一窍不通，我最多只有观察的头脑。在我的感觉中，我是没有亲戚的。在我看来，所有的来客都是我的敌人。婚姻不能改变我，就像我的职业不能改变我一样。

信中，我们可以看出卡夫卡是怎样描写自己的生活环境的，他擅长把简单明了的环境刻画成复杂的世界，使之具有多层意思，只要他认为，这个环境影响他的文学创作，他就会这么做。但是，他在描写这样生活环境的同时，也常常为没有什么结果而伤脑筋，并因此很内疚，责备自己。事实说明，他对家庭的这种描写是言过其实的，只有极少的细节与事实比较接近，在家庭中，他经常与妈妈、爸爸、妹妹说话，特别是同奥特拉妹妹说话的时间就更多了。

卡夫卡的第二封信还没有寄出，费丽丝父亲的回信就已经到了，所以这第二封信没有寄出去。费丽丝父亲在回信中，同意了卡夫卡对他女儿的求婚。但是，卡夫卡接到这封信后，没有对他做任何直接的回答，而是写了一封信，请费丽丝转交她父亲。费丽丝很可能没有转交这封信，她要求卡夫卡改变一下信中的某些提法，但卡夫卡没有接受她的请求，他援引了格里尔帕尔莱、陀思妥耶夫斯基、克莱斯特、福楼拜等人的事迹，这些都是他一直非常崇拜的作家，卡夫卡告诉费丽丝说，他不能改变信中的措辞。

卡夫卡为了替自己辩护，解释自己各种行为，进而证明自己是正确的，他经常引用一些作家的生平和事迹，这些作家在生活和创作上都遇到了许多困难，卡夫卡总是借用他们的遭遇来说自己，而不敢直接地把矛头指向自己。1913年9月，卡夫卡第一次与费丽丝产生了裂痕，这给他以后做出此类行动选择了一个模式，并逐渐固定下来。当他必须在"生活"和文学两者之间做出一个选择时，他总是选择后者，但是，从实际生活看，他的这种选择只是表层的，是表面现象。其实，在内心里，他从不反对生活，所以，这种选择总是不停地进行着。在这期间，卡夫卡和他在保险事务所的同事一起，去维也纳旅游，并在那里参加了"国防救护和卫生会议"，通过这些事务性活动，他从这种严酷的抉择中解脱出来。在维也纳期间，他给费丽丝写了几次信，向他讲述了国际救护和卫生会议的情况，并转达了与此同时在维也纳召开的犹太复国主义者大会的情况。9月中旬，他独自一人继续去特里斯特和威尼斯旅行。途中经过维洛那，在那里他给费丽丝寄去了最后一张明信片。之后，他住进了里伐疗养院，这所疗养院他早些年曾经来过。卡夫卡在里伐疗养院住了几个星期，在那里他结识了G.W.，她才18岁，是一个瑞士姑娘。这是卡夫卡的第二次艳遇，是卡夫卡第二次与"一个妩媚的姑娘有甜蜜的风流韵事"，他"第一次认识了一个信奉基督教的姑娘，他几乎完全陶醉于她那女性的魅力之中"，而这一次，"她还是一个尚未成年的孩子，而他则完全恍惚迷惘，不知天南地北了"。10年以后，卡夫卡还经常提起那些日子，说那些日子充满了"宁静的醉意"。与上次一样，卡夫卡对这次艳遇也是守口如瓶，对任何人也没有说过。三年半以后，卡夫卡也为这棵爱情树建起了一尊纪念碑。

这尊纪念碑比前一尊更加清晰、更容易辨认。如果说，拉邦只是想躲避乡村的婚事准备工作，那么，"猎人格拉胡斯则在里伐降落了，他既没有完全断气，也不是好好地活着，而是在不停地运动着"。猎人格拉胡斯，这个名字同卡夫卡作品中其他的人名一样，也包含着双重含义，是人们注释作品的重要突破口，"格拉胡斯"是意大利语，意思是"穴鸟"，而"卡夫卡"也是"穴鸟"的意思。在作品中，格拉胡斯这样说他自己："没有人会阅读我在这里写的东西，没有人会来帮助我……想让别人来帮助自己，这种想法是一种疾病，它必须在病床上才能得以治疗，这一点我很清楚，所以，我不是为了求得别人的帮助才写作的，虽然，我十分强烈地希望会有人来帮助我。不管我有多么自由，比如现在，我总希望有人会来帮助我。"

卡夫卡从里伐回来之后的两星期，恢复了同费丽丝的通信，同年11月1日他还去柏林看了她。1914年5月，费丽丝来到了布拉格，租了一套住房，后来在费丽丝的朋友格雷特，以及卡夫卡的一些朋友的帮助下，卡夫卡与费丽丝·鲍尔于6月1日在柏林举行了订婚的仪式。这对卡夫卡来说，是"解救自己的一个尝试"。他在日记中写道："去年夏天我同费丽丝决裂了，那是因为我过多地考虑文学创作……我那时一直认为，结婚会损害我的文学创作……我不能倍加绝望地等待着，我不能目睹着费丽丝渐渐地离我而去，渐渐地消失，此外，我也越来越不能拯救自己了。"与费丽丝订婚以后，并没有像他希望的那样摆脱困境，反而觉得自己像"囚犯"一样被捆住了，"全身戴着镣铐，被安置在一个角落里"。7月12日，卡夫卡在柏林同费丽丝·鲍尔解除了婚约，随即就去波罗的海旅行，在这之前的14天，萨拉热窝爆发了战争。卡夫卡当时身体非常虚弱，因此，在义务兵役人选中被除了名。在他的书信和日记中，他很少提到第一次世界大战的情况。但是，他对战争的立场是很鲜明的，他十分憎恨挑起战争的人，他说："我愤恨地诅咒他们，让他们见鬼去吧！"卡夫卡对战争的批判是非常严厉的，这种批判也反映在他的作品中。战争爆发后两个月，他创作了小说《在流放地》，小说中旅行者的目光，就是卡夫卡看待战争的目光；旅行者在询问流放地的特殊行刑习惯时，眼睛中流露出批评、冷静、求实的目光。

8月份，卡夫卡的大妹妹，为了躲避战祸，带着两个孩子，来到了布拉格的娘家，卡夫卡不得不搬了出去，离开了他称之为"无法忍受的家庭集体"。他在比雷克巷10

号租用了一间房子，由于他对噪声特别敏感，左邻右舍都把他看成一个可怕的幽灵，此后他多次搬迁。他搬迁后在日记里写道："描绘我梦幻般的内心世界，这个念头高于一切，所有其他的事情都是次要的。那些次要的事情以可怕的方式枯萎了，而且，现在还继续枯萎着。只有这——描写我梦幻般的内心世界才能使我满意。"

卡夫卡开始独立生活以后，他的文学创作也进入了一个新阶段，在过去的一年半里，他的文学创作全部停止了，这时，他的创作能力又恢复了，他说："几天来，我一直在写作，我真希望能这样写下去。现在情况同两年前不同了，我再也得不到庇护了。我虽然进入了写作状态，但我总有这么一个想法：事实已经证明，我这种有规律的、空虚的、令人神经错乱的独身生活是行之有效的；我可以重新与自己对话。我再也不凝视天空了。只有这样，我才有一个转机。"

1914年8月，卡夫卡开始了长篇小说《审判》的创作，这次创作进程很快，两个月的时间，他就写了好几章。到了10月初，卡夫卡休息了一个星期。10月8日到18日这11个夜晚，他一气呵成，完成了《美国》的一章（即我们现在看到的最后一章。这部小说最后也没有完

成),同时还完成了短篇小说《在流放地》。

长篇小说《审判》中有这么一句话:"在他在31岁生日前夕",小说主人公约瑟夫·K被处决了。而卡夫卡本人则在他31岁生日的前夕,决定去柏林同费丽丝解除婚约。在他的日记里把在"阿斯卡纳大院"举行的退婚手续称为"设在旅馆里的法庭"。《审判》的法律引文中,称它为"故事"。关于这个看门人的故事堪称卡夫卡的杰作,他本人对此也很得意。卡夫卡把这个故事从"在大教堂里"这一章中单独取出来,改编成一个独立的短篇小说,名之为《法律面前》,他经常给朋友朗读这部短篇小说,而且他还把这个短篇小说选入他的短篇故事集《乡村医生》里。

1914年10月份,由于卡夫卡的妹夫去服了兵役,他的工厂必须由卡夫卡照看,卡夫卡每天下午必须到工厂里去。所以卡夫卡在日记里写道:"没有写作,写作完全停顿了;今天又一事无成。"这一次,同1913年秋天一样,卡夫卡有了一种不祥的预感,他又开始思念费丽丝,他写道:"在我的前面是办公室和每况愈下的工作,我总是六神无主,不知所措。我最坚强的支柱,是以奇特的方式思念费丽丝,到现在为止,我已经两个月没同费丽丝来往了，我过着十分安静的生活。我梦见她就像梦见再也不能复活的死人一样。现在，我又有接近她的可能性了，她又成了我一切事物的中心……现在，我一点都写不了了，这倒不是因为我失去了写作能力，而是因为我看到了接近她的义务、接近她的途径。也许，我前面只有一些小小的障碍，我只要冲破那些障碍就能与她重归于好，但是，我不会这么做……BL.的回音已经来了，我得赶紧答复她，为了这件事，我又没了主意。"

上面所说的 BL.，就是费丽丝的女友格蕾特·布劳赫。从1914年开始，他们之间就有了通信来往，布劳赫是卡夫卡与费丽丝中间的桥梁，但是经过接触，卡夫卡与布劳赫的关系越来越密切。但外人谁也不知道，只是从格蕾特·布劳赫1940年给朋友的一封信中才知道。当时卡夫卡与布劳赫产生了暧昧关系，卡夫卡本人也只知道这些，而布劳赫1915年为他产下了一个私生子，这个私生子在7年以后便夭折了，比卡夫卡死得还早，这些卡夫卡都不知道。

1916年1月，卡夫卡与费丽丝在博登巴赫重逢了，这是他们在解除婚约之后的第一次相遇，他在日记中写道：

我们俩都发现，对方没有脱胎换骨的改变，

我们双方都默默地说，对方是不可动摇的，是无法改变的，也是毫无怜悯之心的。我要过一种美好的生活，这个生活是为了写作而专门设计出来的，我的这个要求丝毫没有减弱。但是，她对我这个无声的要求却不予理睬，她只要求我中庸一些。她要求有一套舒适的住房；她所感兴趣的是工厂，丰盛一点的饭菜，她希望有一间装了暖气设备的屋子，热乎乎的，晚上十一点钟就上床睡觉。她还拨正了我的手表，多年来，我的表一直快一个小时。她坚持认为，她这样做是对的，而且，她还继续这样做下去。我对侍者说："请给我拿一份报纸来，我要把它看完。"她指正了我的错，她是有道理的。当她说道"个人的得分"时，她的嗓门很高；但说到理想的房间陈设时，我却没有丝毫纠正她的地方。

这一次卡夫卡与费丽丝的重逢，卡夫卡不再像第一次那样偏激，而是现实得多了，他再也不想过违心的生活，而把费丽丝当成自己的一条出路。

卡夫卡一直想远离布拉格，这个愿望在这时期尤为强烈，但是他始终没有想出办法和理由。这时，他想借应征服役这个幌子，离开布拉格。1915年12月，他向他的上司第一次口头上表达了这个愿望：1916年5月他向工人事务保险事务所提出了一份正式的书面服役申请，再次重申了这个愿望。但在他当时的日记里却这样写道："我把申请交给了经理，我请求他，如果今年秋天结束战争的话，就让我晚些时候停薪休假，我要做长期休假。如果战争延续下去，我就请他把我解雇得了，其实，这纯粹是谎言，如果我申请长期休假，若不批准，我就要求把我解雇，这里，有一半是谎言。如果我直接提出辞职，这才是事实，但是，我不敢做这两件假设的事情，于是就写下了那弥天大谎——请求服役。今天，我同经理谈了一次，但毫无收益。他认为，我要休假三星期的申请超过了一般雇员的标准……虽然，他觉得我提出长期停薪休假有些荒谬……但值得注意的是，他只字不提我的文学创作。"

卡夫卡的这个申请没有得到允许，后来他也不提了，因为没有必要了。1916年7月，在马琳巴特的巴尔莫拉尔旅馆和奥斯鲍纳旅馆，卡夫卡与费丽丝共同度过了10个昼夜，他们同居了。卡夫卡在日记中写道："只有在深层，也许会有一泓水才能称得上溪水……同任何人一起生活,都是不堪忍受的,我并不因此而感到遗憾。我所遗憾的是,自己没有独立生活的可能性。"他感到,与费丽丝共同生活,这将是很困难的事情,他说:"我只是通过信件才认识费丽丝的,但真正了解她本人,那只是两天前的事情。不过现在,我对她也没有完全了解,我仍有许多疑团,她那充满了柔情蜜意的目光,她那女性深层自动张开的时候,那是妙不可言的。"费丽丝走后,卡夫卡马上给马克斯·勃洛特写了一封信:

……因为这事情糟糕到了极点,所以它才显得稍微有所改善,至少,束缚我的绳索松了一些。我觉得自己稍微能适应一些这种事情了。她是一个荡然无存的真空,她向我伸出双手,求我救救她。同时,她又帮了我,我同她发生了以前从不熟悉的人与人之间的关系……我看到了她那充满信任的目光,我不能对她置之不理。我将永久保存的那些东西撕破了(这不是个别的东西,而是全部)。我知道,从这个裂缝中会产生比生命更多的东西,产生出比生命更多的灾难,但这不是我自己招惹出来的,而是别人强加于我的。对此,我没有权利进行抵抗，更没有权利在这事情发生以前，用双手去引发它，以再次让那样一种目光注视自己……现在的情况有所不同，有了一些转机，我们俩之间的协议是简单扼要的：战争结束后不久我们就结婚，在柏林郊区租两至三个房间，各自负责自己的经济支出。费丽丝像以前一样，继续搞她的工作。而我呢，这可说不准。

1915 年秋，卡夫卡获冯太诺文学奖；11 月，《变形记》在《近日新书》的第 22 卷、23 卷合订本中出版了；1916 年 9 月《判决》在第 34 卷出版。同年 11 月 10 日，卡夫卡第二次，也是最后一次公开朗读自己的作品。他在慕尼黑的高尔茨书店朗读了短篇小说《在流放地》，费丽丝也参加了朗读报告会。据当时的报道，卡夫卡的朗读与他的作品十分合拍，他的语调十分冷静，更没有当时盛行的那种宣言式激情，他的德语带有浓厚的布拉格腔。这次朗读，给卡夫卡带来了巨大的自信心，他写道："我满怀着勇气从慕尼黑回来。"他的写作状态又恢复了。之后，他想方设法寻找一处新房子，一是因为原来租的房子太吵，二是给费丽丝准备的。但是没有结果，后来，她妹妹

把租用的一间小屋夜晚供他使用。1916年冬，他创作了《乡村医生》、《在游廊里》、《兄弟残杀》和《下一个村落》，还有未完成的剧本《墓穴看守》和短篇小说《桥》、《猎人格拉胡斯》、《木桶骑士》、《豺狼与阿拉伯人》、《新来的律师》。

1917年3月，卡夫卡为了不再打扰妹妹，在施恩鲍恩宫租下了一套两居室的房子。施恩鲍恩宫是布拉格18世纪的一栋住宅，它在城堡下面，宫殿旁还有一个果园，果园的一边与劳伦茨山相接。劳伦茨山附近有一座"饥饿墙"，它就在卡夫卡的住室附近。这道墙是由刑期已满、马上就要被聘用的囚犯建造起来的，墙本身并没有什么意义。卡夫卡根据这座"墙"，创作了小说《万里长城建造时》，小说反映了"主管部门需要一些没有使用目的的东西"这个主题。这期间，卡夫卡还创作了《在庭院门上的一击》、《给科学院的报告》和其他两部小说。他把《乡村医生》寄给出版社，完成了《在流放地》的最后的修改和润色的工作，并再次改写了小说的结尾。这一时期，他已经下了决心，准备辞去工人事故保险事务所的工作，建立家庭，成为一名专业作家。1917年7月，卡夫卡与费丽丝一起去匈牙利的布达佩斯，去看望费丽丝的妹妹。从布达佩斯回来的第二天,他曾做过这样的声明:"他同新娘闹翻了,当时,他十分平静,甚至还感到很舒畅。"不久,也就是1917年8月初,卡夫卡咯血了,一个月后,医院大夫确诊,他患了早期肺结核。5年来,卡夫卡当作家的决心时大时小,动摇不定,在这个过程中,他也曾反对过当官,他有时反对婚姻,但有时又争取婚姻,他把自己这种矛盾状况写进了日记:"如果我过一段时间死了,或者丧失了生活能力……那我会说,是我自己撕碎了自己……这个世界"——费丽丝是它的代表——和我在不停地冲突,这个冲突是避免不了的,它撕碎了我的身躯。"

由于卡夫卡患了肺结核,工人事故保险事务所第一次批准卡夫卡休假8个月,这是一个很长的假期,卡夫卡立即到他妹妹奥特拉那里。奥特拉在波西米亚北部楚劳,经营姐夫的一个小庄园。卡夫卡在那里写信给马克斯·勃洛特:

> 不管怎样,今天我对结核病的态度,就像孩子抓住妈妈的衣裙一样,紧抓不放,希望能从中得到帮助……我一直在设法解释病因,因为这病不是我去追来的。我有时觉得,大脑和肺部已经

达成了某种协议，而我对此却一无所知。不过，我可以说，如果这一切事情真的那样发生了，那么，它们也是错的。这是我的初步认识，这是第一段阶梯的第一层台阶，台阶上放着一张双人床，它在等我，它将自动打开，算是对我存在的报酬，算是对我这种人存在意义的写照。不过，这张床肯定不会打开的，我也肯定不会越过考斯卡岛的。我是否应该感谢自己没有结婚的能力？我要是真的结了婚，那么，我立刻会变成一个狂乱、疯癫的人，现在，我正慢慢地变成这样一个人。在这短短的假期里，不是我自己，而是其他东西得到了休整。

9月20日，费丽丝来到楚劳看望了卡夫卡，他在日记中写道："我是个冷血动物，我毫无感情。我冤枉了她，让她受了酷刑，而且，我还亲自使用了刑具……"1917年12月，卡夫卡和费丽丝，分别从楚劳和柏林来到布拉格，27日他俩解除了婚约。卡夫卡刚把费丽丝送上去柏林的火车，就去办公室找勃洛特，勃洛特后来回忆这件事时说："他刚刚把费丽丝送上火车。他脸色煞白，神情变得十分严酷、冷峻。突然，他失声痛哭起来，这是我第一次看到他这样放声大哭，我永远忘不了这一幕，这是我所经历的最可怖景象。当时，在办公室里，除了我以外，还有另外两个人，一个同事紧挨着我的桌子坐着。那时，我在邮电总署的一个法律处工作……这真是一个布满了灰烬，十分龌龊的办公地点，它根本不是人待的地方……卡夫卡径直走进办公室，在我办公桌旁的沙发上坐了下来，那沙发是专门为当事人准备的，前来请求帮助的人，养老金享有者，被告，等等。他们来办公室时，总是坐在那张沙发上。卡夫卡伤心地啜泣着，呜呜咽咽地说：'非要有这样的事不成吗？这实在是太可怕了！'泪水沿着他的脸往下淌，我还从没有见过卡夫卡这样张皇失措。"

卡夫卡从马克斯·勃洛特办公室回来后的第二天，就给妹妹奥特拉写了一封信，谈到了他解除婚约的原因：

　　同费丽丝在一起的那些日子是十分不幸的。第一天除外，那天，我们还没来得及谈主要问题。昨天下午我哭了，把我成年以后所有的哭泣加在一起，也没有昨天下午这么多。如果我对这个决定的正确性有一丝一毫的怀疑的话，那一切就会

更加糟糕。当然，这个决定是正确的、必要的，对此，我毫不怀疑，这样的怀疑是根本不会出现的。退婚这个行动，从它本身而言，是不对的。而且，费丽丝在接受退婚时显得十分平静，甚至还很友好，就使退婚这件事更加糟糕。可惜所有这一切，都不能动摇我退婚的正确性和必要性……对外界，我解除婚约的理由是身体有病，我对父亲也是这么说的。

从这封信中，我们能够看出，肺结核只是他退婚的一个借口，其实卡夫卡只是不想结婚，他再一次想与外界断绝来往。1918年夏季和秋季，卡夫卡都住在布拉格，11月份，他到布拉格东部的一个小镇施莱岑去旅行。在那里，他结识了年轻的捷克姑娘朱丽叶，沃丽莱克，卡夫卡又一次违背了自己的原则，与朱丽叶订了婚，不久又退婚。从卡夫卡给朱丽叶妹妹的一封信中，我们可以了解这次婚约的始末：

你可知道我和朱丽叶是怎样相识的吗？我们的相识十分奇特，对相信迷信的人说，这样的相识不是好兆，它是不吉利的。我们每次相会，就要不停地笑好几天。在吃饭的时候，在散步的时候，当我们面对面地坐在一起的时候，我们都要笑一通。总起来说，我们的笑声是不欢畅的，因为我们没有充足的理由这样纵情欢笑，这莫名其妙的笑声是折磨人的，令人羞惭的；这笑声使我们俩更加疏远，不能在一起吃饭，会面也少了，我想，这是符合我们的目的的。尽管我过了一年比较快活、自由自在、宁静的生活（撇开疾病不说），但是，我像一个遍体鳞伤的人，只要不磕不碰，我就能在百般痛苦中苟延残喘下去；但只要一碰到我最致命的痛处，我就会被掷回来，而且，我再也不能经历以前那种事了。那些事情已经是、而且永远是过去的事情，而疼痛的形式却保留了下来，这是条地地道道的创伤渠道。在渠道内，每一阵疼痛都在来回移动。对此，我像第一天一样，害怕极了，而且，这次恐惧感更加强烈，因为我的抵抗能力很弱……当时，也就是我和朱丽叶刚认识时，我一到夜里就辗转反侧，彻夜不眠，这是我一年来的第一次失眠，我看到了威胁。

朱丽叶的情况可能要好一些,这不仅是因为,她是一个姑娘,而且,她有一种绝妙的、不易受外界影响的热情与冷峻,这两者有机地结合在一起。

我们就这样熬了过来。至于休息,我们休息得很少,我原来真的想能天天去看病。但是,没有时间。就这样,我和朱丽叶一起熬了过来。人们已经在我们俩身上觉察到,在某种意义上,婚姻和孩子是最值得我去追求的东西,但是,我是不能结婚的。我拿出其他的证据也是白搭,因为所有的事情都是不能让人心服口服的,所以,能说明我不能结婚的最好证据,就是同费丽丝·鲍尔两次退婚这个事实。我们就退了婚。

退婚以后,我在施莱岑住了3个星期,在这3个星期里,我们双方都没写过一封信。但是,当我去布拉格的时候,她也坐飞机,迅速赶到了那儿,我们俩又相会了,除此之外,我从没有其他的办法。不过,在所有的这些事情中,是我在起主导作用……

既然,我曾经有过十分严酷的经历(仅仅是

我自己有过严酷的经历），那么，我还有什么权利这样做？现在的情况要比以前好得多，这是我不曾想到的。这里，我不想对此作一一的论证，而只想说，我们俩曾经近在咫尺（现在仍然如此），而朱丽叶却一点都不知道。可以做一个假设，我为结婚而做的一切准备工作，最后都将彻底废除。也可以做这样的假设：我与父亲有一种不幸的关系，只要他对我做的某件事情持反对的态度，那么，这个反对态度就是最有力的证明，这件事是正确的。在我看来，这次婚姻虽然根植于爱情，但归根结底，这是建立在理智上的婚配……

我内心的抗拒是无论如何也不会消失的，在某种程度上，它总是虎视眈眈地注视着事态的发展。这抗拒的对象是什么？谈到这个抗拒，我只会像对陌生的事情一样，显得局促不安，张口结舌。我个人根本没有力量去驾驭这些抗拒，如果抗拒想要发挥作用，那我就只能听从它的摆布了。每次碰到婚姻问题，我总是先把物质方面的考虑放在一边……而这次婚姻的风波却不一样，它对我讲了一些事，鬼使神差地把我在物质上的担心，掺和进其他事情当中,因为那些担心本身是没有什么意义的。这场风波对我说,你得为自己内在的境况而不停地奋斗,你虽然竭尽全力地奋斗,但光靠这些力量是远远不够的,你还得建立起自己的家……但是,你依靠什么力量去这么做?给你生了多少孩子,你就要多少孩子。本来嘛,你结婚,就是为了改善自己的生活。如果在生儿育女问题上,对已婚夫妇加以限制,那样,你会不寒而栗的。但是,你毕竟不是农民,国家是不会替你抚养孩子的;而且从根本上看,你的情况是:紧张过度,完完全全地为文学所吸引了,肺功能已经虚弱不堪,整天在办公室里搞那些抄抄写写的事,累得喘不过气来。你还要在这种情况下结婚,而且,你还大言不惭地承认,自己必须结婚。你心怀这个目的,却还有胆量,要求自己心安理得地进入梦乡。第二天,你的头像正在溃烂的伤口,疼得要命,但你还恍惚迷离地到处乱跑。难道你还想凭着白天的这种精神状态,连累一个完全信赖你、献身于你、对你忠心耿耿的姑娘,让她伤心?

您也许会指责我说，这一切我是早就知道的，也就是说，我不应该把订婚这件事办到这步田地再退婚，免得与这件事有关的人受到这般折磨，对此，我要说这么几点：第一，即使人们有过类似退婚的经历，人们也不能预知，这一次，也会以退婚而告终，人们只能重新经历这样的事情，除此之外，没有办法；第二，当时，我确实没有选择的余地，我对结婚已经死了心。从这一点来看，我当时比较宁静、比较快活的心情是莫名其妙的，是根本没有根据的。于是我就想，我至少应该通过结婚，或者不顾一切地为结婚作准备，用这种方法来为自己找到一个高兴的理由，所以，与朱丽叶的订婚完全是我的精神状态所迫；第三，正如我以前常说的那样，当时的局势对订婚极为有利，我有希望完成自己想要办的事情。虽然我不能不顾及蕴藏在内心深处的另一股力量，即反对订婚的力量，但是，所有的力量都在我坚定的决心面前退却了、回避了。虽然它们要用失眠来动摇、销蚀我的订婚决心，但是，它们根本不能光明正大地出现。我的希望就建立在我虚弱的内心思想之间的竞赛，这个竞赛分为几个阶段。首先，对疾病的治疗搁置下来，因为教授们都休假去了——这很不妙；其次，我父亲在一段不太长的时间里，反对我和朱丽叶这门亲事，这对我反而倒是有利。因为这样一来，我的精力分散了，我就不会一味沉湎于结婚这件危险的事情之中。再次就是，我有可能搬迁到可以容身的住房里去——很凑巧，有人能在短短的一星期之内，向我们提供住房。而且，这件事情相当有把握。真要是这样，我们都已经结完婚了。可是到了星期五，我们发现，那房子已被其他人租走了，这样，星期天我们无论如何也结不了婚。我不想说，这是我们的不幸；如果我们真的结了婚，那么我们关系的破裂也许会更加使人恼怒，以致新婚夫妻双双都被埋葬。我要说，我对结婚抱这么大希望不是没道理的，用事实来衡量，我只是个贫困的人，因为我贫困，所以我就不得不冒一下风险，孤注一掷，准备结婚。我说的不是谎话。

这在当时是一个转折点，以后，我再也控制不了局面，给我的限制已经满了。以前一直在遥远的天际向我发出警告的东西，现在真的在我耳畔轰鸣，朱丽叶大概从事态发展的迹象中，了解到了我关于订婚的一些动机和想法，我没有其他办法，最后，只好和盘托出了。

最后的伴侣

1919年初到秋天,卡夫卡在布拉格住了一段时间。11月,他回到了施莱岑,在那里写下了著名的长信《致父亲》。

1920年4月初,卡夫卡去米兰旅行,他第一次给弥勒娜·耶森斯卡·波拉克写信。他们是在布拉格认识的,弥勒娜是结过婚的人,丈夫是个作家,她是捷克人,住在维也纳,她想请求卡夫卡让她把他的一部分作品译成捷克语。起初,面对弥勒娜咄咄逼人的热烈爱情,卡夫卡有些惊慌失措,想逃避。他给弥勒娜讲述陀思妥耶夫斯基的故事:德米特里奇、格里戈里维奇和尼古拉·涅克拉索夫在读完《穷人》的手稿以后,心情十分激动,午夜三点钟,他们就去按陀思妥耶夫斯基家的门铃,他们热烈地祝贺他,认为他是俄国最伟大的作家。他们走了以后,陀思妥耶夫斯基伫立在窗前,激动得泪流满面,他说:"真是些了不起的人物,他们是多么高尚和仁慈!我却是多么低庸!……我要是告诉他们这个事实,他们是不会相信的。"后来,卡夫卡又写信给弥勒娜："……您来的信收到了,弥勒娜,我该怎样说明那些区别呢?一个人浑身上下都沾满了污垢,他臭气冲天、奄奄一息地躺在床上,这时,死神降临了,它是所有天使中最神圣的死者,它瞟了他一眼。这样,那个人还敢死吗?他扭动了一下身子,一头钻到了被窝里面,他不会死去。简而言之,弥勒娜,你在信中所说的话,我是不相信的,而且,你也没有给予我证实那件事情的方法,就是陀思妥耶夫斯基在那个晚上也不能证实那件事情,我的生命只能再延续一夜。"弥勒娜晚年的一个朋友回忆说:"她对卡夫卡一见钟情,对她来说,爱情是唯一真正伟大的生活……她从不害臊,从不腼腆,她从来认为,强烈地感受到别人对自己的爱慕,这绝不是一件令人羞愧的事情;她认为,爱情是一件清白无辜、理所当然的事情。"卡夫卡写信给马克斯·勃洛特说:"她是一团烈焰,勇敢、聪颖,愿意奉献出一切,或者可以这样说,她用献身精神获得了一切。"

从上面的这些信件中,我们可以看到,卡夫卡为了断绝同弥勒娜的关系,做了很大努力,他想保护弥勒娜,但实际上,他想保护自己,不想让自己受到伤害。卡夫卡的第二封"警告信"是这样写的:"请你好好地考虑一下,弥勒娜，如果我，一个走过了38年生活旅途的人（因为我是犹太人，所以这个生活旅程就显得更为漫长），到你那里去，如果我在刚要转身走开的一刹那，偶然地看到了你，一个我从未想到要见的人，那么，弥勒娜，我是不会喊你的，就是在心里，我也不会向你发出呼唤。如果你现在要放弃我们之间的友谊，走你自己的生活道路，那也为时不晚。我不想说我自己是笨透了，因为，我的心并不笨，我还是蛮有思想的，这里，我撇开了其他类型的愚笨不说，那些类型的愚笨我倒是有的，而且还绰绰有余。我只能跪下，也许只有这样，我才能知道，你的脚就在我的眼前……"

弥勒娜请求卡夫卡，要他从米兰回来时候顺路到维也纳去看她。卡夫卡没有做到，后来，他写信给她：

我不知道，你在收到了我星期三或星期四的那封信以后，还是否想见我。我意识到我们俩之间的关系，你是属于我的，尽管我再也不能见到你了。只要这种关系同恐惧毫无关系，那我就能看到它，但是，我不知道你对我的关系怎么样，你对我的关系是完全属于恐惧的。你也是不了解我的，弥勒娜，我再重复一遍。

眼下正在发生的事情，简直难以相信。我的世界崩溃了，但它又建立起来了。你瞧瞧，你是怎样帮我建立这个世界的，这里的你也就是我，我不抱怨崩溃，因为整个世界正处在崩溃之中。我所抱怨的，是我单薄、微弱的力量，我的出生，太阳的亮光。

我们将怎样继续生活下去呢？如果你对我的回信说个"行"字，那么，你就不能在维也纳继续生活下去了。这是不可能的了。

卡夫卡认为，只有同弥勒娜断绝关系，才能走出困境。但实际上，他们两个都没有忘记对方。1921年秋，弥勒娜几次去布拉格看望卡夫卡。1922年她依旧去布拉格，而卡夫卡也不定期地给弥勒娜写信。1921年，卡夫卡把自己所有的日记都交给了弥勒娜，在这之前，他把《美国》和《致父亲》的书稿交给弥勒娜，而且，再也没有要回。这一次，卡夫卡一反平素的羞怯，强烈地表示出自己对弥勒娜的无比信任，他从未如此信任过其他任何人。

1920年秋，卡夫卡完成了短篇小说《城徽》、《波赛顿》、《深夜》、《法律问题》、《秃鹰》和《陀螺》。1921年冬至 1922 年春,他完成了短篇小说《第一首歌》。3 月到 6 月完成了短篇小说《绝食艺人》,6 月到 9 月进行长篇小说《城堡》的写作,并完成了短篇小说《一条狗的研究》,1922 年冬至 1923 年春,卡夫卡创作了许多短篇小说,但大都被他焚毁了,保留下来的有短篇小说《夫妻》、《算了吧》、《关于譬喻》。

1922 年 7 月初,卡夫卡和妹妹艾丽一起去波罗的海的米里茨去度假,他参观了度假村,在那里认识了女管理员多拉·笛雅梦特,这是一个刚刚 20 岁的姑娘,出身于波兰的一个犹太家庭,从波兰逃出来,来到德国。这个姑娘受过严格的东正教教育,纯朴自然、天真无邪、为人热情、乐于助人。她的这些性格特征深深地吸引了卡夫卡。卡夫卡在很早的时候就认为,柏林是他唯一能生存下去的城市。每当他有了逃离布拉格的念头时,他第一个想到的就是柏林,他曾经说过:"柏林比维也纳强多了……就连我也能感到,柏林有增强人的体质的作用,或者这么说吧,我到了柏林以后,就会感到,柏林有这么一个作用。"

1923 年底,卡夫卡又去了柏林,他在施退克里茨租了一间房子,和多拉·笛雅梦特同居了,开始几个月,卡夫卡感到十分幸福，他终于克服了种种障碍，成功地逃出了自己的"家庭"。当时，通货膨胀十分严重，而卡夫卡却不被这些事困扰，感到心满意足，他写信给妹妹说："桌子紧挨着火炉，我一直紧靠着炉子，刚刚从那里挪过身来。那里太热了，就连我一直冰冷的脊梁也觉得太热了。那盏煤油灯棒极了，这是制灯人，也是买灯人的杰作。它是拼凑而成的，这当然不是我自己干的，我怎么会有这种本事呢？煤油灯有茶杯这么大，它有一个特殊的装置，点灯时都不用摘圆筒和灯罩；不过，这盏灯有个缺点，没有煤油它就不亮，当然喽，没有油，我也不会用它的……"

卡夫卡给朋友费利斯·魏尔志描绘了自己新的街道环境："我住在城边的最后半条胡同里，胡同里面是果园和别墅，那个果园不是新建的，那里郁郁葱葱，十分好看。夜里，当万籁俱寂、皓月当空的时候，果园里飘来阵阵浓郁的馨香，在别的地方，我从来没有闻到过这种香味。往前走，是一个很大的植物园，从我家到那里只要一刻钟的功夫。再往前走，在离我家不到半个小时路程的地方，有一片森林，我从来没有到那里去过。在那里，一些移民建起了围栏，看上去，真是挺漂亮。"6个星期以后，他们搬到古鲁纳瓦尔特街13号居住。在这里居住期间，他写了

许多短篇小说,但除了《地洞》以外,其他作品都被焚毁了,这是卡夫卡要求多拉·笛雅梦特这么做的,他还亲自监督她这么做,没有烧毁的一部分全部丢失了。

由于通货膨胀,造成卡夫卡营养不良,身体很虚弱,1924年1月,他给马克斯·勃洛特的信中说:"只要我的身体不这么虚弱,我是可以把自己的情况讲一下的。在左面,大概是多拉在扶着他,右面大概是另外那个人在扶着他。他'随便写成'的作品在给他打气。如果他脚下的土地坚实了,他前面的深谷填平了,在他头上盘旋的秃鹫赶跑了,在他头上咆哮的狂风暴雨平息了,如果这一切都能发生的话,那么,他也许能凑合着活一阵子。"

1924年3月初,卡夫卡病危,他的舅舅西格弗里特和朋友马克斯·勃洛特立即赶到柏林,把他接回到布拉格。他持续发高烧,并全身颤抖。到了4月初,他已经十分消瘦,体重锐减到95斤,就连说话都十分困难,只能在嗓子眼里嗫嚅了。在舅舅西格弗里特的建议下,他被送进了奥地利南部奥特曼的维也纳森林疗养院。他的结核病已经蔓延到喉头,被大夫确诊为喉头结核,在当时已经没有治愈的希望了。多拉寸步不离地精心护理卡夫卡,大夫用麻醉剂和液体氨剂比林来控制他的高烧,但病情不见好转,大夫已经无能为力了，同时，疗养院的气氛使卡夫卡感到十分郁闷。所以，几天后，他们又把卡夫卡送进了维也纳大学医院，当时用的是敞篷汽车，多拉一路上用自己的身体为他挡风遮寒。在维也纳医院，大夫用薄荷油来治疗卡夫卡红肿的喉头，使他在吞咽食物时的剧痛缓解了一点，但多拉受不了医院大夫盛气凌人的态度，4月19日卡夫卡又被送到了克罗斯特欧堡附近基尔林的霍夫曼博士开的疗养院。

卡夫卡又能吞咽食物了，但持续的高烧正无情地摧残他的身体，医生只能给他冷敷。卡夫卡的身体变得越来越虚弱了，已经显得十分憔悴，阅读已成了一种痛苦的事，但是，他还是不停地看书，到了4月底，他读完了魏弗尔赠给他的《弗尔蒂：歌剧的小说》。5月初，卡夫卡的痛苦加剧了，喉头又开始剧烈的疼痛，在咳嗽时，其痛苦更是难熬，吞咽食物几乎不可能了。结核病已经到了晚期，能想到的所有药物都用了，效果微乎其微，最后，还是一个有人类学思想的年轻大夫设法让卡夫卡安静了下来。5月12日，卡夫卡开始看他的选集《绝食艺人》的长条校样。这时勃洛特来看望他，勃洛特在这次探望中了解到，卡夫卡想要娶多拉·笛雅梦特为妻，而且，他已经给多拉的父

亲去了一封信,他在信中称自己是悔悟者和回心转意者,希望能在那虔诚的家庭中得到安身之地。但是后来,多拉的父亲在征求了犹太教法师格尔勒的意见以后,拒绝了卡夫卡的请求。

在这最后的时间里,多拉护理病人十分精心、细致,使其他人深受感动。医生允许她自己做饭,给卡夫卡烹调合口味的饭菜。卡夫卡这期间喝过啤酒和葡萄酒,而且,他还希望别人在他跟前喝酒,以便他从别人的享受中得到一些乐趣,他还使劲地闻水果的香味。

这时,多拉和克拉普施托克与卡夫卡的思想交流只能通过纸条进行。这些纸条都完好地保存了下来,它们除了表明卡夫卡喜欢注意事情的细节以外,还向人们说明了,他当时的神态十分清醒,并且有坚强的自制能力,他不再对自己的身体抱任何幻想,即使在这种情况下,他对父母也只字不提自己已经病入膏肓。6月3日上午,卡夫卡的呼吸急促起来,医生给他注射了甲酮,卡夫卡十分痛苦,说:"杀了我吧!不然你就是凶手。"医生给他注射了安眠剂,中午时分,卡夫卡与世长辞了。这恰恰是他41周岁生日前一个月。在遗嘱中,他请求别人焚毁他的残稿。卡夫卡的尸体被运回了布拉格,1924年6月11日,他被安葬在布拉格和施特拉施涅茨之间的一座犹太公墓里。6月27日，卡夫卡的父母在一家报纸上发表一项声明："我们无法对遐迩的许多吊唁一一表示谢意，只能在此借报纸的一角向所有对我们难忘的儿子弗朗茨·卡夫卡博士去世表示过同情和哀悼的人们致谢！"

弗朗茨·卡夫卡的一生平淡无奇，没有什么传奇色彩。他在一生中，没有改变过自己生活的地方，也没进行过任何长途旅行。他在一生中，很少与同事们一起聚会，和他生活在同一时代的一些奥地利著名人士，他都不认识。这位身居布拉格的犹太人，利用业余时间，写了许多文学作品。这些文学作品在20世纪20年代就开始受到少数德国文学界行家的赞赏。

早在1916年，卡夫卡的朋友马克斯·勃洛特就指出："卡夫卡是堪与当时德国霍普特曼等人媲美的第一流大作家"，只是他的远见卓识和呼吁当时还激不起明显的反应。但是，属于时代的东西迟早是会受到时代接纳的。

20世纪30年代，超现实主义者就把卡夫卡视为同伍，可惜，这时卡夫卡早已去世了。马克斯·勃洛特开始编辑卡夫卡的6卷本选集。无奈，时运不济，法西斯专制的德国，现代派作品是同"左"派作品一样被禁止的。这时候

也正是传统现实主义重新抬头的时候。他作品中所隐含的现代意识，即危机感、现代审美信息和荒诞感是没有国界的，它们不胫而走，被装在流亡作家和学者的大脑里带到了美国以及西欧其他各国，引起了普遍注意。第二次世界大战以后，经历了一场噩梦的欧洲人，对卡夫卡作品中那种似梦非梦的"魔影"发生了更大的共鸣，感到人们在第二次世界大战中遭受的种种非人的经历，卡夫卡早已在作品中预言了。

随着1949年到1950年马克斯·勃洛特新编9卷集《卡夫卡文集》的出版，一股"卡夫卡热"很快遍及西方文坛，那里竞相涌现出的文学文艺流派如法国的荒诞派、新小说派、存在主义，美国的黑色幽默，拉美的魔幻现实主义，等等，几乎无不受到卡夫卡的影响。与此同时，东方的卡夫卡研究也成了一门新的科学。从1957年起，由于捷克的一位共产党元老、著名文艺评论家保尔·雷曼的一篇基本肯定卡夫卡的长篇论文发表，卡夫卡开始引起苏联、东欧社会主义国家以及西方的共产党文艺评论界的广泛注意，经过讨论和争论，观点趋于接近。

1973年，在"社会主义现实主义"的"开放"气氛中，有国际影响的《苏联大百科全书》终于以相当肯定的态度接纳了这位被排斥整整40年之久的作家。后来，在东欧主要的社会主义国家中对卡夫卡也改变了态度，并认为他的作品的意义是"唤起对危机中的个人的关注"。西方马克思主义文艺理论队伍中，对卡夫卡评价最高的是奥地利的费歇尔和法国的加罗第。前者认为卡夫卡的作品比现实主义的"真实更真实"；后者从对卡夫卡、毕加索等人的分析中，得出这样的结论：现实主义不应该固定在写实主义一种风格上，在表现形式上它应该是"无边"的。最富戏剧性的是卢卡奇，他从20世纪30年代至50年代中期，都坚持批判卡夫卡。但在1956年的政治事件中，他一度被关在东欧某国的古堡里，这时他联想起卡夫卡的《城堡》，顿悟到"卡夫卡到底是现实主义者"，1958年他发表的《批判现实主义的当前意义》一书中，许多地方以赞美的口吻评论卡夫卡，认为他应列入"更高层次的现实主义作家的家族"。

几年前，西欧的前联邦德国、法国、英国、意大利和西班牙5国的重要报纸，搞民意测验，发起评选已故十大欧洲作家活动，结果卡夫卡名列第五！而在进入"十大作家"之列的20世纪作家中，卡夫卡名列榜首！卡夫卡被尊称为西方现代主义文学或现代派文学的鼻祖。